Werner Eberwein · Abenteuer Hypnose

Werner Eberwein

Abenteuer Hypnose

Heilung durch Trance

Kösel

ISBN 3-466-34359-3

Druck und Bindung: Kösel, Kempten
Umschlag: Kaselow Design, München
Umschlagmotiv: Panoramic Images/BAVARIA

1 2 3 4 5 · 00 99 98 97 96

*Gedruckt auf umweltfreundlich hergestelltem Werkdruckpapier
(säurefrei und chlorfrei gebleicht)*

Inhalt

Es ist wohl so, die Fragen sind es,
aus denen das, was bleibt, entsteht.
Denk an die Frage eines Kindes:
Was tut der Wind, wenn er nicht weht?

Erich Kästner

Was tut das Bewußtsein,
wenn es nicht denkt?

Werner Eberwein

Wie denken Sie über Hypnose?

Sie schlagen dieses Buch auf – offenbar interessieren Sie sich für Hypnose. Vielleicht haben Sie in einer Zeitschrift etwas darüber gelesen oder in einer Fernsehsendung davon erfahren. Vielleicht möchten Sie wissen, ob man eigentlich jeden Menschen hypnotisieren kann, oder ob man sich in Hypnose tatsächlich an vergangene Leben erinnert. Möglicherweise haben Sie sogar selbst schon einmal daran gedacht, sich von einem Hypnosetherapeuten wegen eines Problems behandeln zu lassen.

Hypnose zieht wie eh und je neugierige und aufgeschlossene Geister an und gibt zu Begeisterung, aber auch zu skeptischen Fragen Anlaß. Das Bild, das die meisten Menschen von Hypnose haben, ist allerdings geprägt von Comics, Kinofilmen und Showhypnotiseuren. Es setzt sich in der Regel aus realistischen, aber auch aus übertriebenen oder abwegigen Anteilen zusammen.

Was hat es auf sich mit diesem veränderten Bewußtseinszustand, den man Trance nennt? Ist es wirklich möglich, einen Menschen mit einem Fingerschnipsen in eine Art Schlaf zu versetzen, in dem er willenlos ausführt, was man ihm aufträgt? Oder sind das alles nur Taschenspielertricks, wie die Illusionen, die uns von Zauberkünstlern vorgeführt werden?

Durch Hypnose kann das Schmerzempfinden so weit ausgeschaltet werden, daß Operationen ohne sonstige Betäubung durchgeführt werden können. Anscheinend lassen sich durch Hypnose auch seelische und körperliche Prozesse verblüffend schnell und wirkungsvoll beeinflussen – selbst solche, über die der Hypnotisierte mit seinem Bewußtsein keine Kontrolle hat. Die hypnotische Trance scheint ideale Voraussetzungen für psychische Heilung und transzendente Erfahrungen aller Art zu bieten. Es wird über schnelle hypnotische Beseitigung von Ängsten, Zwängen und Süchten berichtet, von Trancereisen in den Mutterleib, in vergangene Leben und in das kosmische Bewußtsein. Ist das alles bloß

Humbug, kurzlebige Effekthascherei und Scharlatanerie? Oder wird die Hypnose in ihren Möglichkeiten noch immer eher unterschätzt?

Im vorliegenden Buch möchte ich leicht verständlich und psychologisch präzise von den erstaunlichen Möglichkeiten der modernen Hypnosetherapie berichten, aber auch auf ihre Grenzen und Gefahren aufmerksam machen. Es wird beschrieben, wie sich Hypnose entwickelt hat, wie sie »funktioniert«, wo sie sinnvoll eingesetzt werden kann und wo nicht. Zur Illustration wurden eigene Erlebnisse und Erfahrungen mit hypnotischen Trancezuständen und Fallbeispiele aus meiner psychotherapeutischen Praxis eingefügt. Ich habe versucht, ein Gleichgewicht aus Faszination und kritischem Bewußtsein zu vermitteln, eine Haltung, die ich selbst der Hypnose gegenüber einnehme.

Berlin, August 1996
Werner Eberwein

Eine kurze Geschichte der Hypnose

Priester und Schamanen

Hypnose zählt zu den ältesten Heilverfahren der Menschheit. Das erste schriftliche Dokument, in dem eine Hypnose erwähnt wird, ist der »Demotische Papyrus« aus dem alten Ägypten. Dort wird eine hypnotische Induktion beschrieben, mit deren Hilfe die Götter über die Zukunft befragt wurden. Man benutzte eine Augenfixationsmethode und detaillierte Beschwörungsformeln mit den Namen der anzurufenden Götter. In Ägypten wurden Kranke von Priestern in einen mehrtägigen Tempelschlaf versetzt, in dem ihnen im Traum die Göttin Isis erschien, ihre Krankheit diagnostizierte und Anweisungen für die Behandlung gab. Diese Tradition wurde im antiken Griechenland in den Tempeln des Asklepios fortgesetzt: Der gleichnamige Gott erschien den Kranken im Tranceschlaf und gab entweder Anweisungen für die Behandlung oder vollzog die Heilung selbst. Die Römer vollführten ähnliche Riten in den Tempeln des Gottes Äsculapius.

Die Heiler und Priester in den Stammeskulturen waren bzw. sind die Schamanen, die unter verschiedenen Bezeichnungen in fast allen Naturvölkern vorkommen. Schamanismus und kultisches Trance-Heilen ist in einigen Völkern auch heute noch sehr verbreitet. In der Kalahari-Wüste im Süden Afrikas lebt beispielsweise in der Nähe der wenigen Wasserlöcher ein Volk, das sich »!Kung« nennt. Die !Kung besitzen eine vermutlich jahrtausendealte Tradition der Heilung durch Trancetänze. Eine Besonderheit der !Kung-Tradition ist, daß es zwar Stammesmitglieder gibt, die als besonders befähigte Heiler gelten, aber im Prinzip jedes Mitglied des Stammes durch Tanzzeremonien in Trance gehen und heilen kann. Die Fähigkeit zu heilen ist also nach den Vorstellungen der !Kung jedem gegeben. Interessant ist auch, daß bei den !Kung nicht der Kranke in Trance versetzt wird (wie in der modernen Hypnosetherapie), sondern daß der »Patient« wach bleibt und der

Heiler in Trance geht. In Trance »zieht« er dann die Krankheit aus dem Körper des Patienten heraus, während die anwesenden Stammesmitglieder diesen Prozeß durch lautes Gejohle und oft auch durch deftige Obszönitäten begleiten, was die Zeremonie aber keineswegs stört. Heilung ist bei den !Kung kein sakraler Akt, sondern ein fröhliches soziales Ritual, ein Fest, an dem der ganze Stamm beteiligt ist.

In den archaischen Heilungsvorstellungen der Naturvölker können allgemein fünf Krankheitsursachen und daraus folgende Therapieansätze unterschieden werden:

1. In den Körper oder die Seele des Kranken ist ein krank machender Fremdkörper (z.B. eine Spinne oder ein Kieselstein) eingedrungen, der auf magische Weise entfernt werden muß.
2. Der Kranke hat seine Seele verloren, die der Schamane finden und zurückbringen muß.
3. In den Kranken ist ein Dämon eingedrungen, der durch Beschwörung oder Exorzismus vertrieben oder auf ein anderes Lebewesen (z.B. ein Kaninchen oder eine Ziege) übertragen werden muß.
4. Der Kranke hat ein Tabu verletzt und muß dafür eine Strafe auf sich nehmen oder Buße tun.
5. Der Kranke ist ein Opfer von Hexerei und muß durch einen Gegenzauber geheilt und geschützt werden.

Die schamanische Heilkunst wird bisweilen mit großem kultischen Aufwand inszeniert. Sie ist in die sozialen Bindungen, die spirituelle Weltanschauung und die Traditionen des jeweiligen Volkes eingebunden. Vermutlich ist dabei viel hypnotische Suggestion im Spiel. Schamanische Heilungsprozesse funktionieren in den Stammeskulturen oft erstaunlich gut auch bei Krankheiten, bei denen westlich ausgebildete Ärzte versagen. In anderen Fällen wiederum bleiben die Schamanen erfolglos, und einige von ihnen schicken ihre Patienten dann zu nahe gelegenen Stationen oder Krankenhäusern, in denen an Universitäten ausgebildete Mediziner arbeiten.

Einer der ältesten schriftlichen Berichte eines westlichen Wissenschaftlers über persönliche Erfahrungen mit der schamanischen

Heilkunst stammt aus der Zeit um die Jahrhundertwende. Der deutsche Anthropologe Adolf Bastian wurde im damaligen Britisch-Guyana von einem Medizinmann wegen heftiger Kopfschmerzen und Fieber behandelt. Während des Rituals, das inmitten der Dorfgemeinschaft von etwa 30 Eingeborenen stattfand und über sechs Stunden dauerte, beschwor der Medizinmann die örtlichen »Kenaimas« (Dämonen), während der Forscher in einen »hypnotischen Schlaf mit tiefer Gefühllosigkeit« eintauchte. In diesem Zustand hörte Bastian die Stimmen der Dämonen, hörte ihre Flügel rauschen und spürte sogar deutlich die Berührung eines Dämons in seinem Gesicht. Geistesgegenwärtig biß er dem Dämon ein Stück seines Gefieders ab und versteckte es im Mund. Später stellte er fest, daß sich zwischen seinen Zähnen Reste von Blättern jener Zweige befanden, die der Medizinmann während des Rituals über seinem Körper geschwungen hatte. Offenbar war er in einer hypnostischen Trance gewesen und hatte die Dämonen halluziniert. Der Medizinmann hielt ihm zum Beweis, daß er ihn erfolgreich geheilt habe, eine fette Raupe vor, die er während des Rituals aus seinem Schädel entfernt habe. (Ellenberger, S. 22)

Auch bei uns in Europa waren und sind magische Heilungsvorstellungen sehr verbreitet. Bis zum Mittelalter ging man davon aus, daß hochgestellte Persönlichkeiten wie Fürsten, Könige oder Kaiser durch eine Berührung ihrer adeligen Hände Krankheiten zu heilen vermögen. Unter den deutschen Fürsten wurde insbesondere den Habsburgern die Fähigkeit zugeschrieben, Kröpfe heilen zu können.

Reste dieser magischen Anschauung finden sich in der vor allem in südlichen Ländern verbreiteten Sitte, die Hand eines Priesters zu küssen oder – was man auch bei uns kennt – einen Schornsteinfeger zu berühren, denn das soll Glück bringen, oder in dem Wunsch, das abgetragene T-Shirt eines Filmstars, Musik- oder Fußballidols zu ergattern, um etwas von seiner »Energie« für sich zu gewinnen.

In allen Kirchen und Religionsgemeinschaften werden hypnosuggestive Rituale verwandt, um mit transzendenten Ebenen in Kontakt zu kommen, zum Beispiel die Blickfixierung auf das Kreuz oder ein anderes Symbol, symbolische Körperhaltungen, zeremonielle Musik und Gesänge, monotones Wiederholen von

Mantra oder Rosenkranz, Duftstoffe wie Weihrauch oder Räucherstäbchen, halb gesungene Predigten und Litaneien in heiligen Sprachen oder die rituelle Zwiesprache mit Göttern (»Gebete«).

Schamanische Rituale
und moderne Hypnosetherapie

Einige der schamanischen Vorstellungen finden sich kaum verändert und in psychologische Denk- und Sprechweisen übersetzt in den modernen Psychotherapieformen, insbesondere in der Hypnosetherapie wieder. Eine der ältesten schamanischen Vorstellungen über die Entstehung von Krankheiten ist beispielsweise, daß die Seele eines Menschen unter bestimmten Umständen den Körper verlassen kann und nicht mehr in ihn zurückfindet. Nach dieser Vorstellung trennt sich während des Schlafs, in einer Ohnmacht oder im Traum die Seele stets vom Körper. Sie geht vorübergehend in die Geisterwelt ein und kann sich dort verirren, so daß sie nicht mehr in den Körper zurückfindet. Dies geschieht beispielsweise, wenn der Schläfer im Schlaf verletzt, erschreckt oder plötzlich geweckt wird, während seine Seele weit fort ist. Die Seele kann auch von Hexen oder bösen Geistern entführt und gefangengehalten werden.

Wenn der Schamane einen solchen Fall diagnostiziert hat, versetzt er sich in einen veränderten Bewußtseinszustand und begibt sich in der »Welt der Geister« auf die Suche nach der verlorenen Seele. Findet er sie, bringt er sie wenn möglich zurück und führt sie wieder in den dazugehörigen Körper ein. Der Schamane muß dabei oft mit den Geistern einen Handel abschließen, ihnen Opfergaben bringen oder mit ihnen kämpfen (in der Regel unterstützt von guten Hilfsgeistern) und dabei damit rechnen, daß die bösen Geister Rache nehmen (zum Beispiel, indem sie ihm selbst die Seele stehlen).

Das Heilungsritual selbst kann viele Formen annehmen. Bei den Quechua-Indianern in Peru beispielsweise reibt der Schamane den Kranken von Kopf bis Fuß mit einem Pflanzen- und Getreidemehl ab. Mit dieser Mixtur malt er anschließend einen Strich auf die Erde, ausgehend vom Platz des Kranken bis zu jener Stelle, wo der Schamane die Seele gefunden hat. Dies ist in der Regel ein Ort, vor dem sich der Stamm fürchtet, weil er dort die Anwesenheit böser Geister vermutet, zum Beispiel ein altes Grab oder eine unheimliche Ruine. Der Mehlstrich zeigt der Seele den Weg zu ihrem Körper, sie muß nur der markierten Strecke folgen und findet dadurch in ihren Körper zurück.

Die archaische Vorstellung, daß die Seele dem Körper abhanden kommen kann, ähnelt modernen Vorstellungen über Spaltungsprozesse als Folge schwerer Traumatisierungen. Opfer von Folter, Vergewaltigung, sexuellem Mißbrauch oder Mißhandlung, aber auch Menschen, die sich in einem lebensgefährlichen organischen Zustand befinden (beispielsweise bei einem Herzinfarkt), können das Gefühl haben, ihren Körper zu verlassen, sich selbst von außen zu sehen oder sich an einem entfernten Ort zu befinden. Dieser Vorgang wird als »Dissoziation« bezeichnet. Nach Erkenntnissen der modernen Psychologie spielen vor allem bei der Entstehung der Schizophrenie und der sogenannten multiplen Persönlichkeit solche Dissoziationsprozesse eine entscheidende Rolle.

Das gezielte »Herausführen« der Seele aus dem Körper wird in der Hypnosetherapie zum Beispiel zur Anästhesie, in Phantasiereisen und für den Dialog verschiedener Persönlichkeitsanteile miteinander benutzt. Die meisten Hypnotherapeuten gehen jedoch davon aus, daß die hypnotische Dissoziation zwischen Bewußtsein und Körper nur subjektiv, also in der Phantasie des Klienten stattfindet.

Auch die Heilungsrituale südamerikanischer Geistheiler, die scheinbar mit bloßen Händen oder unter Verwendung stumpfer, rostiger Taschenmesser Operationen durchführen, deren Wunden dann unmittelbar nach der Operation blitzschnell spurlos zu verheilen scheinen, gehen wahrscheinlich auf Anwendung von hypnosuggestiven Methoden zurück. Allerdings bedienen sich die Heiler oft zusätzlich bestimmter Zaubertricks, um die suggestive Kraft ihrer Rituale zu unterstützen. In einem um die Jahrhundertwende aufgezeichneten autobiografischen Bericht (Ellenberger, S. 32) erzählt ein Kwakiutl-Schamane aus einem indianischen Stamm an der nördlichen Pazifikküste im damals noch britischen Kolumbien, wie er in einer vierjährigen Ausbildung zum Schamanen geworden ist und welche Techniken ihm beigebracht wurden. Der Kern des Kwakiutl-Heilungsrituals bestand darin, vor der Zeremonie einen Blutegel im Mund zu verbergen, sich dann während der Zeremonie selbst auf die Zunge zu beißen und den Blutegel mit Blut zu befeuchten, um den Eindruck zu erwecken, als sei dieser blutige, zuckende Fleischklumpen beim Saugen an der erkrankten Körperstelle entfernt worden. Der Kwakiutl-Schamane berichtete weiterhin, wie er lernte, heimlich Spione zu beauftragen, um Einzelheiten aus der Lebensgeschichte des Kranken zu erfahren, die er im Laufe des Heilungsrituals als »Botschaft der Geister« offerierte. Obwohl der berichtende Schamane namens Qaselid selbst glaubte, daß seine Heilungsfähigkeiten »nur« auf Suggestion beruhten, erwarb er sich in seinem Stamm den Ruf eines großen Schamanen und wurde von benachbarten Stämmen oft zu Hilfe gerufen, wenn sie mit ihrer eigenen Zauberkunst nicht weiterkamen.

Die im Kwakiutl-Stamm über Generationen peinlichst geheimgehaltene »Blutegeltechnik« fungiert als ein ritueller Suggestionsverstärker. Man kann sich vorstellen, welch suggestive Macht auf einen Angehörigen des Stammes ausgeübt wird, wenn während eines Rituals, das seit vielen Generationen Teil des Stammeslebens ist und von der höchstgestellten Persönlichkeit der Gemeinschaft im Namen der Geister und im ehrfürchtigen Beisein des ganzen Stammes ausgeübt wird, ein Stück blutiges, krankes Fleisch aus seinem Körper entfernt wird. Da der Kranke sich zu diesem Zeitpunkt in einem tiefen Trancezustand befindet, ist es leicht verständlich, daß das Ritual in vielen Fällen zum Erfolg führt.

Walter Bongartz, Psychologieprofessor und Hypnosefachmann aus Konstanz, konnte 1989 ein schamanisches Heilungsritual bei den Yanomami-Indios am Oberlauf des Orinoko beobachten. Ein Schamanenschüler behandelte im Beisein des Meisterschamanen einen Stammesangehörigen wegen Angstzuständen. Er »sog« nach Einnahme von Jopo (einer halluzinogenen Droge) aus einem Abstand von etwa 50 Zentimetern die Krankheit mit dem Mund aus dem Körper des Patienten. Zum Beweis spuckte er hernach einige Glassplitter auf den Boden. Nach der Zeremonie kam der Schamanenmeister zu Bongartz und bat ihn, ihn wegen seiner starken Rückenschmerzen zu behandeln. Dieser willigte ein, nahm ebenfalls eine Prise Jopo und suggerierte dem Schamanen mit Hilfe von Dolmetschern über drei Sprachen hinweg (Englisch – Spanisch, Spanisch – Yekuana, Yekuana – Yanomami), er solle sich vorstellen, wie er als Jaguar durch den Wald gehe (diese Übung praktizieren Yanomami-Schamanen jeden Tag). Als der Schamane auf diese Weise in Trance war, massierte Bongartz seinen Rücken. Danach gab der Schamane erfreut an, daß seine Schmerzen verschwunden seien. (Bongartz in: Peter/Schmidt, S. 334 ff.)

Trotz gewisser Ähnlichkeiten zwischen schamanischen Heilern und modernen Psychotherapeuten gibt es zwischen ihnen eine Reihe von Unterschieden. Vor allem ist der Schamane wesentlich mehr als ein Heilungstechniker. Es handelt sich um eine kultische Persönlichkeit, in der Regel um die bedeutendste Person seiner sozialen Gruppe (in unserer Zeit eher einem »Guru« wie Bhagwan oder Sai Baba vergleichbar). Kraft seiner ganzen Person übt er Wirkungen im Namen helfender Geister aus. Er behandelt körperliche und psychische Krankheiten gleichermaßen und mit gleichen Methoden. Schamane wird man in der Regel zunächst ohne oder sogar gegen seinen Willen, indem man eine Schamanenkrankheit durchmacht, die in ihren Auswirkungen einer hysterischen Krise oder einer schizophrenen Störung ähnelt. Jeder Schamane muß vor seiner Ausbildung eine solche Krankheit überstehen, um fähig zu werden, andere Menschen zu heilen. Das Auftreten dieser Krisen ist für den Stamm das Zeichen, daß hier ein Schamane heranreift. Er leidet wochen- oder monatelang unter schweren Schmerzen, Schlaflosigkeit, Erbrechen, Halluzinationen, Ängsten und anderen Symptomen. Der Zustand kann lebensbedrohlich werden, wenn der Betreffende nicht von den Eingeweihten des Stammes in Obhut genommen wird, die ihn zum Schamanen ausbilden. Er lernt, mit den Geistern zu sprechen, sich in Tiergestalten hineinzuversetzen, überlieferte kultische Rituale durchzuführen und auf geistige Weise zu heilen.

Der moderne Psychotherapeut dagegen gilt in der sozialen Gemeinschaft lediglich als Spezialist für seelische Heilungsvorgänge unter vielen anderen Spezialisten. Er wendet nachvollziehbare, reproduzierbare Heilungstechniken an, die theoretisch beschreibbar und systematisch lehr- und lernbar sind. Zwischen physikalisch-chemischen Therapieformen (Medizin) und psychologischen Heilverfahren (Psychotherapie) gibt es eine sowohl personelle als auch theoretische Trennung. Zum Arzt oder Psychotherapeuten kann sich jeder ausbilden lassen, der sich dazu berufen fühlt und bereit ist, die entsprechenden Qualifikationen zu erwerben. Die Ausbildung des Psychotherapeuten umfaßt in der Regel eine kürzere oder längere Lehrtherapie, es wird jedoch davon ausgegangen, daß sich der Therapeut für seinen zukünftigen Beruf um so besser eignet, je gesünder er psychisch ist.

Mesmer und der animalische Magnetismus

Nachdem hypnotische Heilverfahren im Mittelalter jahrhundertelang durch die Kirche als Hexerei und Teufelswerk verfolgt wurden, erlebte in der zweiten Hälfte des 18. Jahrhunderts, zur Zeit der Aufklärung, der Hypnotismus in Europa eine Hochkonjunktur – und zwar in der Person des Arztes Frank Anton Mesmer, der am Bodensee geboren war und lange Zeit in Paris lebte. Es war die Zeit, als in der Physik gerade der Magnetismus und die Elektrizität entdeckt und beschrieben wurden. Mesmer, der sich in seiner Doktorarbeit mit dem energetischen Einfluß der Planeten auf den menschlichen Körper beschäftigt hatte, entdeckte, daß er durch Auflegen kleiner Magnete Krankheiten heilen konnte. Später stellte er fest, daß er dafür keine Magnete benötigte, sondern daß er dieselbe Wirkung auch durch bloße Bewegung seiner Hände über dem Körper des Kranken erzielte (durch sogenannte »magnetische Passes«). Mesmer glaubte, daß bei bestimmten (vor allem den »nervösen«) Störungen ein Mangel an »animalischem Magnetismus« im Organismus vorliege (wir würden heute von »Energie« oder von »Lebensenergie« sprechen). Eine Person wie er, die besonders zum Heilen befähigt sei, habe ein Übermaß an Lebensenergie zur Verfügung, die er zur »magnetischen Kur« benutzen könne. Mesmers Idee ist also die Umkehrung der anfänglich beschriebenen Heilungsvorstellung der !Kung. Bei den !Kung ist im kranken Organismus etwas (Krankes) zu viel, was entfernt werden muß, bei Mesmer leidet der kranke Organismus unter einem Mangel an Lebensenergie, die ihm für die Heilung zugeführt werden muß.

Mesmer entwickelte die Vorstellung, daß animalische Lebensenergie in Behältern mit gestoßenem Glas und Metallsplittern, ähnlich wie in einem elektrischen Kondensator, angesammelt, gespeichert und transportiert werden könne (dem sogenannten »Baquet«). Mittels gebogener Metallstangen, die aus dem Behälter ragten, könne diese Energie auf die erkrankten Körperstellen geleitet werden. Vor allem in Frankreich und Deutschland entstand ein wahrer Massenkult, der »Mesmerismus«. Überall saßen zukkende Menschen rund um die Mesmerschen Baquets und ließen sich Animalischen Magnetismus einleiten, was (vor allem bei psychosomatischen Störungen) oft tatsächlich verblüffend schnell half.

Mesmer selbst pflegte vor Beginn der magnetischen Sitzung im Nebenraum des Behandlungszimmers eine Art Sphärenmusik auf einer Glasharmonika zu spielen, einem Instrument, das etwa wie ein Gemisch aus Walgesängen und spiritueller Synthesizer-Musik klang. Dann trat er auf, bekleidet mit einem langen, violetten Seidenmantel, schaute den Kranken tief in die Augen und bestrich sie mit seinen Händen. Daraufhin verfielen die »Magnetisierten« in eine »magnetische Krise«. Sie begannen zu stöhnen, schrien, zuckten, verdrehten die Augen und wandten sich in Krämpfen auf dem Boden.

Mesmer meinte, es gebe keine Heilung ohne eine solche »Krise«. Die Kunst, magnetisch zu heilen, sei identisch mit der Fähigkeit, Krisen hervorzurufen. (Die Vorstellung von notwendigen Heilungskrisen findet sich heutzutage in modernen kathartischen Therapieformen wie der Primärtherapie oder der Reichianischen Therapie sowie in der Homöopathie und beim Heilfasten. Auch die Freudsche Theorie der Übertragungsneurose erinnert daran.)

Mesmer und seine Anhänger gingen (sehr zur Verärgerung der damaligen Ärzte und Medizinprofessoren) davon aus, daß es nur eine einzige Krankheit gäbe, nämlich den Mangel an animalischem Magnetismus. Daher gebe es auch nur eine einzige Behandlungsform für alle Krankheiten, nämlich die Zuführung von magnetischer Energie. Sie glaubten, daß jeder Arzt in Wirklichkeit auf diese Weise heilte, ohne es zu wissen, und daß Medikamente und medizinische Anwendungen nur zum Übertragen des magnetischen Einflusses dienten.

Mesmer bestand darauf, daß es sich bei seiner Methode nicht um etwas Suggestives, sondern um einen physikalischen Prozeß handelte. Er schrieb: »Die tierischen Körper haben einen wechselseitigen Einfluß aufeinander, und zwar vermöge einer allgemein verbreiteten, stetigen, äußerst feinen Flüssigkeit, welche ihrer Natur nach die Fähigkeit hat, alle Arten von Bewegungen anzunehmen, dieselben mitzuteilen und fortzupflanzen. ... Vorzüglich hat der menschliche Körper magnetähnliche Eigenschaften, entgegengesetzte Pole, die man miteinander verbinden, verändern, zerstören und verstärken kann. ... Die Wirkung und die Kraft dieses eben beschriebenen tierischen Magnetismus läßt sich anderen lebendigen und leblosen Körpern mitteilen, doch sind diese bald mehr, bald weniger geschickt, sie anzunehmen. ... Diese magnetische Kraft kann angehäuft, zusammengedrängt und von einem Ort zum anderen gebracht werden. Dieses Prinzipium heilt Nervenkrankheiten unmittelbar, andere mittelbar... .« (Mesmer, S. 47 ff.)

Mesmers Lehre wurde 1784 in Paris von einer Kommission namhafter Wissenschaftler unter dem Vorsitz des weltberühmten Chemikers Lavosier überprüft und für physikalisch nicht existent erklärt. Vielmehr beruhe seine Methode auf »reiner Einbildung«. Die Chance, eine Methode der »Heilung durch Einbildung«, das heißt, eine suggestive bzw. hypnotische Therapie zu begründen, erkannte weder der Ausschuß noch Mesmer selbst. Mesmer beharrte auf seinen physikalistischen Ansichten, verlor all sein Ansehen und lebte seine letzten Lebensjahre zurückgezogen in Meersburg am Bodensee, wo er 1815 starb.

Mesmers Nachfolger

Mesmer hinterließ nach seinem Tode eine unübersehbare Anzahl von Schülern und Nachahmern in Europa und in Amerika. Sein bekanntester Schüler, der Marquis de Puységur, entdeckte, daß die von ihm magnetisierten Personen sich oft anders als bei Mesmer verhielten und in eine »ruhige Krise« verfielen. Sie hatten keine Krämpfe, Zuckungen oder emotionalen Ausbrüche, vielmehr schienen sie einfach zu schlafen und seine Suggestionen widerstandslos entgegenzunehmen, konnten sich aber anschließend an nichts mehr erinnern. Er nannte diesen Zustand »magnetischen Schlaf« oder »künstlichen Somnambulismus« (Schlafwandeln).

Puységur benutzte außer den Mesmerschen Baquets zur Induktion eine alte Ulme, die auf dem Dorfplatz eines seinem Schloß nahe gelegenen Dorfes stand, und auf die er seine magnetische Kraft »übertrug«. Die Bauern der Umgebung sammelten sich allwöchentlich um diese Ulme herum und berührten ehrfürchtig die an ihr befestigten Seile, um magnetische Heilung für ihre Krankheiten und Gebrechen zu empfangen.

Der Begriff Hypnose wurde erst 1843 von dem schottischen Augenarzt und Chirurgen James Braid erstmals verwandt, der wie Mesmer davon ausging, daß Hypnose ein durch magnetischen Einfluß herbeigeführter Schlaf sei. Das Wort Hypnose hatte er abgeleitet vom griechischen Gott des Schlafes »Hypnos«, dem Bruder des Todesgottes »Thanatos«.

Mesmers Idee der Ansammlung und Umverteilung von Energie durch eine physikalische Vorrichtung wurde in den vierziger Jahren unseres Jahrhunderts von dem österreichischen Arzt und Freud-Schüler Wilhelm Reich wieder aufgegriffen, der seine entsprechenden Apparate als »Orgon-Akkumulatoren« bezeichnete. Sie bestanden aus Kästen mit mehrschichtigen Wänden, abwechselnd aus organischem und anorganischem Material (in der Regel Holz und Eisenblech). In diesen Kästen sammle sich, so Reich, die »kosmische Orgon-Energie« an, was man als Aufladung mit Lebenskraft spüren könne, wenn man eine Weile darin sitze. Die angesammelte Kraft helfe bei der Überwindung von psychischen und körperlichen Störungen und sogar von Krebs, den Reich als einen Mangel an guter und Überfluß an schlechter Orgon-Energie erklärte. Reich versuchte ebenfalls verzweifelt, wissenschaftliche Anerkennung für seine physikalischen Theorien zu erringen. Beispielsweise bemühte er sich in einer Reihe von Briefen, Albert Einstein von der Wirksamkeit seines Orgonkastens zu überzeugen, was ihm aber nicht gelang.

Reich emigrierte vor den Nazis von Berlin aus in das »liberale« Amerika. Dort wurde ihm einige Jahre später der Prozeß wegen Quacksalberei gemacht (die Tatsache, daß er Kommunist war, tat ein übriges), und als dessen Resultat ließ die amerikanische Gesundheitsbehörde FDA alle seine Orgon-Akkumulatoren zerstören. Reich, der sich geweigert hatte, vor Gericht zu erscheinen, starb einige Monate später unter bisher ungeklärten Umständen im Zuchthaus.

Die Vorstellung, durch Berührung krankhafte Energie wegzunehmen und gesunde zuzuführen, findet sich heutzutage beispielsweise in der Reiki-Methode des christlichen japanischen Priesters Dr. Usui oder in der Aura-Massage, wie sie unter anderem von Gerda Boyesen, der Begründerin der Biodynamischen Psychologie, praktiziert wird.

Der Kampf der zwei Schulen in Frankreich

Am Ende des 19. Jahrhunderts lebte in Paris ein berühmter Neurologe namens Charcot, der dort die psychiatrische Abteilung des Armenkrankenhauses, der »Salpêtrière«, leitete. Bei ihm lernte auch Sigmund Freud die Behandlung von hysterischen Störungen durch Hypnose kennen. Charcot veranstaltete regelmäßig für ein größeres Publikum von Medizinern Showhypnose-ähnliche Veranstaltungen, bei denen er hysterische Patientinnen diverse hypnotische Effekte vorführen ließ. Sie mußten zum Beispiel Lähmungen von einem Bein auf das andere oder von den Beinen in die Arme verlagern. Sie mußten ihren eigenen Namen vergessen, sich in Zuckungen auf dem Boden winden, Affekte wie Angst und Ekel sowie Halluzinationen und eine Vielzahl anderer Symptome zeigen.

Charcots Hypnosetechnik war ausgesprochen autoritär und, vom heutigen Blickwinkel aus gesehen, sehr primitiv. Er blickte der Patientin fest in die Augen und schrie sie mehrmals hintereinander an, sie solle »Schlafen!, SCHLAFEN!! SCHLAFEN!!!«. In seiner Sichtweise unterwarf er den (vermeintlich schwachen) Willen der Patientin seinem eigenen (vermeintlich stärkeren).

Das zweite Zentrum der Hypnose in Europa entwickelte sich zur selben Zeit in Nancy um den Landarzt Liébault und dessen Hypnose-Schüler, den Medizinprofessor und renommierten Internisten Bernheim, herum. Die Schule von Nancy ging im Gegensatz zu Charcot zutreffenderweise davon aus, daß es sich bei Hypnose um einen durch Suggestion herbeigeführten veränderten Bewußtseinszustand handele und daß im Prinzip jeder Mensch hypnotisierbar sei.

Charcot und die Schule von Nancy lieferten sich einen jahrzehntelangen erbitterten Glaubenskrieg, in dem es unter anderem darum ging, ob Verbrechen in Hypnose möglich seien. Die Schule von Nancy bejahte dies, Charcot verneinte es.

Um die Jahrhundertwende gelangte in Rußland der zweifelhafte Heilige Rasputin zu einiger Berühmtheit, weil er der einzige war, der durch Hypnose bei dem bluterkranken Sohn des letzten Zaren Nikolaus I. Blutungen stillen konnte. Sobald der Thronfolger sich eine noch so geringfügige Wunde zuzog, hörte sie ohne Rasputins Hilfe nicht mehr auf zu bluten. Rasputin hatte enge, bisweilen ziemlich intime Beziehungen zu vielen Damen des Hofes, vermutlich auch zur Zarin selbst, die er Gerüchten zufolge oft auf eine sehr natürliche Weise von ihren hysterischen Symptomen befreit haben soll. Rasputin wurde aufgrund einer politischen Intrige vom Russischen Geheimdienst Ochrana ermordet, wahrscheinlich weil er sich gegen den Eintritt Rußlands in den Ersten Weltkrieg stellte.

Wie Sigmund Freud die Hypnose benutzte und warum er sie aufgab

Als Sigmund Freud in den neunziger Jahren des vorigen Jahrhunderts für vier Monate in Paris lebte, besuchte er die Schauveranstaltungen von Charcot. Er schaute sich zunächst Charcots Hypnosetechnik ab, lernte später darüber hinaus von Bernheim, dem Kopf der Schule von Nancy, dessen Methoden und übersetzte 1888 Bernheims Buch »Die Suggestion und ihre Heilwirkung« ins Deutsche.

Nach Wien zurückgekehrt, begann Freud zusammen mit seinem Kollegen Breuer hysterische Patientinnen mit Hypnose zu behandeln. Ihre Erfahrungen beschrieben die beiden in ihrem Buch »Studien über Hysterie«, das 1895 erschien. Es fand zunächst keinen großen Anklang. In den folgenden 13 Jahren wurden ganze 626 Exemplare des Buches verkauft. Erst als Freud zum Haupt der internationalen psychoanalytischen Bewegung geworden war, ging die Auflage der »Studien« in die Hunderttausende.

Die Hysterie war um die Jahrhundertwende eine vor allem unter jungen Frauen der Oberschicht sehr verbreitete Störung. Sie äußerte sich in anfallsweise auftretenden Krampfzuständen, Lähmungen, psychoseähnlichen Delirien, Wahnvorstellungen, Geistesabwesenheit und heftigen emotionalen Entladungen. Die Patientinnen schrien während ihrer Anfälle laut, schlugen um sich und wälzten sich auf dem Boden. Es tauchten in ihnen eigenständige zweite und dritte Persönlichkeiten auf, die manchmal andere Namen hatten und in anderen Sprachen sprachen.

Ein Jahrhundert zuvor hatte man die Hysterie noch für eine organische Erkrankung der Gebärmutter gehalten, die durch deren operative Entfernung behandelt wurde. Im 19. Jahrhundert galt sie als angeborene Erkrankung des Nervensystems, über die viele gelehrte Bücher geschrieben wurde. Zu Freuds Zeiten hielt man die Hysterie für eine schwere und unheilbare Nervenstörung. Man dachte über sie ähnlich, wie man heutzutage vielerorts etwa über die Schizophrenie denkt.

Freuds Technik der Hypnoseeinleitung nach Charcot und Bernheim war denkbar einfach. Er hielt der Patientin einen Finger vor die Augen und rief ihr mehrmals zu: »Schlafen Sie!« Daraufhin sank entweder die Patientin in Trance, oder sie galt als nicht hypnotisierbar. Wenn es klappte, suggerierte Freud, daß die Symptome verschwänden. Litt die Patientin beispielsweise unter Halluzinationen, sagte er in der Hypnose zu ihr: »Die bedrohlichen Bilder verschwinden, sie treten nie wieder auf.« Viele hysterische Patientinnen waren sehr leicht hypnotisierbar und konnten mit dieser Methode positiv beeinflußt werden, allerdings meistens nur vorübergehend.

Freud litt am Anfang seiner Laufbahn unter einer starken therapeutischen Ungeduld, die aus seinem zwanghaften Wunsch nach Größe gespeist gewesen sein mag. Sein hilflos autoritärer Ansatz in der Hypnosebehandlung wird deutlich in einem Fallbericht über die Behandlung eines hysterischen jungen Mädchens, dem er selbst durch »monatelange Behandlung« in keiner Weise helfen konnte. Während einer Hypnosesitzung verlor er schließlich die Beherrschung: »Eines Tages, als sie wieder ins Zimmer geschwankt kam, den einen Arm auf dem ihres Vaters, den anderen auf einen Regenschirm gestützt, dessen Spitze bereits stark abgerieben war, wurde ich ungeduldig und schrie sie in der Hypnose an: ›Das ist jetzt die längste Zeit so gewesen. Morgen vormittag schon wird der Schirm da in der Hand zerbrechen, und Sie werden ohne Schirm nach Hause gehen müssen, von da an werden sie keinen Schirm mehr brauchen.‹«

Freud fügt hinzu: »Ich weiß nicht, wie ich zu der Dummheit kam, eine Suggestion an einen Regenschirm zu richten; ich schämte mich nachträglich (dafür).« (Breuer/Freud, S. 22).

Das Trauma durchleben in Hypnose

Unzufrieden mit den Resultaten ihrer »zudeckenden« Hypnosetechnik gingen Freud und Breuer zu einer Methode über, die kurz zuvor von Charcots Nachfolger Janet entwickelt worden war – der »hypnokathartischen Methode«. (Das Wort »Katharsis« kommt aus dem Griechischen und bedeutet wörtlich »Reinigung«. In der Psychotherapie versteht man darunter das krisenhafte Durchleben und Abreagieren unterdrückter Gefühle und Energiestauungen.)

Neugierig, wie die seltsame hysterische Symptomatik wohl entstanden sein mag, fragte Breuer eine Patientin in Hypnose, warum eigentlich ihre Symptome auftraten. Die Patientin antwortete unverzüglich: »Das sind Erinnerungen aus frühester Jugend.« Breuer fragte weiter, um welche Erinnerungen es sich handele und aus welcher Zeit sie stammten. Auf diese Weise erfuhr er in der Hypnose eine Reihe von traumatischen Anlässen, die der Symptomatik zugrunde lagen. Breuer stellte fest, daß die Patientin während des Erzählens in Hypnose die erinnerten Szenen farbig, plastisch und in fast halluzinatorischer Qualität vor sich sah und intensiv emotional darauf reagierte. Sie weinte, zitterte und schrie, noch während sie berichtete.

Zunächst versuchten Freud und Breuer wiederum, diese traumatischen Erinnerungen suggestiv zu beseitigen. Sie strichen über die Augen der Patientin und suggerierten ihr, daß die bedrohlichen Erinnerungsbilder für immer verschwinden würden. Bei der hypnotischen Veränderung oder Löschung von Erinnerungsinhalten tauchte jedoch das Problem auf, daß die Patientinnen oft noch Jahre nach der Behandlung darüber klagten, daß sie sich an bestimmte wichtige Ereignisse ihres Lebens nicht oder nur noch ungenau erinnern konnten. Daher versuchten Freud und Breuer als nächstes, die Auswirkungen der erschreckenden Erinnerungen abzuschwächen, indem sie der Patientin in der Hypnose suggerierten, daß sie sich vor diesen Erinnerungen nicht mehr fürchten werde. Der therapeutische Effekt dieser Methode war jedoch in der Regel nicht dauerhaft, die Symptome kehrten nach einer Weile wieder zurück. Freud und Breuer stellten jedoch fest, daß die Hysterie in vielen Fällen auf Dauer verschwand, wenn es ihnen gelang, die Erinnerung an das verursachende Ereignis in allen Einzelheiten wieder wachzurufen und es der Patientin zu ermöglichen, die damit verbundenen Gefühle von Angst, Erschrecken, Scham, Schmerz, Peinlichkeit oder Ekel voll zu erleben und abzureagieren. Wenn die Patientin die zugrundeliegende Erinnerung lediglich auf nüchterne Weise ohne Gefühle beschrieb, so blieb der Heilungseffekt aus. Wenn jedoch die verursachende Situation mit allen damit zusammenhängenden Affekten und in voller Intensität emotional wiederbelebt wurde, dann machte die Patientin in der Behandlungssitzung noch einmal eine hysterische

Krise mit allen Symptomen durch, und dann verschwand die Krankheit für immer.

Das »Schreckhypnoid«
und die Entstehung der Hysterie

Freud und Breuer stellten fest, daß ihre Patientinnen sich im Wachzustand oft nicht daran erinnern konnten, was sie in Hypnose erlebt hatten. In der Hypnose aber war es ihnen möglich, über alles zu berichten, was während vergangener Hypnosen geschehen war. Ebenso konnten sie sich in der Hypnose oft an die krankheitsauslösenden Situationen erinnern, während solche Erinnerungen im Wachzustand vollständig fehlten. Eine Patientin hatte vor Jahren beispielsweise einen nahen Verwandten, den sie pflegte, in einem tranceähnlichen Wachtraumzustand tot als Skelett auf dem Krankenbett liegen gesehen. In einem anderen Fall pflegte eine Patientin ihren kranken Bruder, der sie während eines Fieberanfalls mit schrecklich verzerrtem Gesicht an den Schultern packte. Die Patientinnen berichteten in tiefer Hypnose, daß sie von den betreffenden Erlebnisse derart erschreckt worden wären, daß sie sie in ihrem Normalbewußtsein vergessen hätten, sich im Unbewußten aber einen lebhaften, beängstigenden Eindruck davon bewahrten. (Diese »traumatischen Erlebnisse« sind vermutlich noch Deckerinnerungen, unter denen sich tiefere, frühere Traumata verbargen.) Hysterische Symptome entstehen nach Ansicht der beiden durch unbewußte Vorstellungen als Überbleibsel traumatischer Ereignisse, die sich dem Patienten in einem tranceähnlichen Zustand (Hypnoid) eingeprägt haben.

»Die Voraussetzung des pathogenen (krank machenden, W. E.) Wirkens der Vorstellungen«, schreibt Freud, »ist ein besonderer Gemützustand, ... er muß dem hypnotischem ähnlich sein ... . Wir wissen, daß ein solcher Zustand außer durch Hypnotisierung durch Gemütserschütterung (Schreck, Zorn usw.) und durch erschöpfende Einflüsse (Schlaflosigkeit, Hunger usw.) herbeigeführt werden kann.« Da in Hypnose die Kritikfähigkeit weitgehend herabgesetzt ist, könnten sich »die verrücktesten Wahnvorstellungen« jahrzehntelang intakt erhalten. »Die veranlassende Vorstellung bleibt ... vor der Korrektur durch das wache Denken und seine Kritik geschützt, weil sie eben im klaren Wachen gar nie auftaucht«. (Breuer/Freud)

Die Patientinnen, so berichtete Freud, halluzinierten während der hysterischen Anfälle auf einer unbewußten Ebene die traumatische Situation und reagierten darauf stets aufs neue mit angstvollem Erschrecken und einem veränderten Bewußtseinszustand. Durch die therapeutische Hypnose werde die Spaltung zwischen dem (gesunden) Wachbewußtsein und dem (hysterischen) Hypnoid überbrückt, so daß Verdrängtes wieder ins Bewußtsein integriert, erinnert und erlebt werden könne. Die Hypnose diente Freud und Breuer also als Instrument, um das vergessene Ereignis wieder in das Bewußtsein zu heben und es den Patienten zu ermöglichen, die beteiligten Gefühle intensiv wiederzuerleben und zu durchleben.

Der Zugang zu dem Trauma sei, so Freud, deshalb durch Hypnose möglich, weil das Urtrauma selbst in einem veränderten Bewußtseinszustand stattgefunden habe. Eine Neigung zur Hysterie sei deshalb nicht ohne Grund vor allem bei solchen Personen zu finden, die bereits in ihrer Kindheit eine starke Neigung zum Tagträumen oder Zustände von »Gedankenverlorenheit« hatten. Wenn eine solche Person eine schwere emotionale Verletzung erlebe, dann flüchte sie sich in einen Trancezustand.

Freud und die »Unfolgsamkeit« in Hypnose

Nach einer Reihe von recht erfolgreichen Behandlungen gab Freud jedoch die Hypnose als Behandlungstechnik auf und entwickelte statt dessen eine Technik, in der die »freien Assoziationen« der Patienten im Wachzustand gedeutet werden. Warum arbeitete er nicht weiter mit Hypnose? Er selbst gibt dafür zwei Gründe an.

Der eine Grund sei gewesen, daß nicht alle Patientinnen und Patienten (noch nicht einmal alle hysterischen) hypnotisierbar seien. Wenn er sich nur auf die Patienten beschränken würde, die in Trance zu bringen seien, dann würde, so Freud, » ... die Zahl der brauchbaren Patienten für meine Geschicklichkeit allzu sehr schrumpfen«. (Wir können heute davon ausgehen, daß dies weit-

gehend auf die unentwickelte Hypnosetechnik Freuds zurückgeht.
Außerdem dachte Freud irrtümlich, daß für therapeutische Zwecke
nur tiefste Trancezustände geeignet seien.)

Der zweite Grund war, daß Freud feststellte, daß seine Hypnosetechnik die Widerstände seiner Patientinnen und Patienten
letztlich nicht beseitigen konnte. Es geschah öfter, daß sie sich
selbst in tiefer Trance weigerten, über die Verursachung ihrer
Störung Auskunft zu geben. Für Freud war diese »Unfolgsamkeit«
und auch die Unfähigkeit, überhaupt in Hypnose zu gehen, ein
Ausdruck von Widerstand gegen den Versuch, zu heilen. (Später
stellte er die Theorie auf, der Widerstand sei letzten Endes die
Auswirkung eines »Todestriebes« des Patienten.)

Gegen den Widerstand ging er zunächst durch einfaches Drängen an. Er sprach zu ihnen suggestiv, aber im Wachzustand: » ...
doch, Sie wissen es, ... Sie brauchen es nur auszusprechen, ... es
fällt Ihnen ein ...«.

Manchmal nahm er ein hypnoides Ritual zu Hilfe: Er drückte
dem Patienten auf die Stirn oder nahm seinen Kopf zwischen
die Hände und suggerierte ihm, » ... daß er während dieses
Druckes eine Erinnerung als Bild vor sich sehen oder einen
Einfall haben werde, und verpflichtete ihn dazu, dieses Bild
oder diesen Einfall ... mitzuteilen, was immer das sein möge.
... Er dürfe es nicht für sich behalten, ... keine Kritik, keine
Zurückhaltung, weder aus Affekt noch aus Geringschätzung«.
(Breuer/Freud, S. 298)

Freud schrieb, daß Hypnose ihm längerfristig den Therapieprozeß nicht erleichtert habe: »Wo ich eine karthatische Kur in der
Hypnose anstatt in der Konzentration durchgeführt habe, fand ich
die mir zufallende Arbeit dadurch nicht verringert.« (ebenda) Insbesondere wenn es bei den Erinnerungen der Patienten um sexuelle
Ereignisse ging, fand Freud die Patienten selbst in tiefer Hypnose
oft »ebenso widerstrebend und unverläßlich in ihren Angaben wie
... irgendeine andere meiner nicht somnambulen Patientinnen.«
»Überhaupt«, so Freud weiter, »ist mir der Wert der Hypnose für
die Erleichterung karthatischer Kuren zweifelhaft geworden, seit-
dem ich Beispiele erlebt habe von absoluter therapeutischer Un-
fügsamkeit bei ausgezeichnetem andersartigem Gehorsam im tiefen Somnambulismus.« (ebenda, S. 301)

Ein großer Teil des Widerstandes der Patientinnen und Patienten gegen Freuds hypnotischen Stil kam vermutlich daher, daß sie nicht bereit waren, seinem teilweise ziemlich massiven Drängen nachzukommen – auch nicht unter Hypnose. Vor allem Patientinnen, die als Kind von einem Erwachsenen sexuell bedrängt, verführt oder mißbraucht worden waren, wehrten sich verständlicherweise gegen den Druck Freuds, sich in der Hypnose daran zu erinnern bzw. sich gefühlsmäßig wieder in diese Situation hineinzuversetzen. (Heutzutage stehen uns eine Vielfalt von hypnotherapeutischen Techniken zur Verfügung, die die Intimsphäre des Klienten respektieren und konstruktiv mit dem Widerstand umgehen.)

Freud ging zunächst davon aus, daß es sich bei den traumatischen Situationen in nahezu allen Fällen um Mißbrauchserlebnisse mit dem Vater oder mit älteren männlichen Verwandten handelte. Da jedoch ein Großteil seiner Patientinnen Angehörige der gebildeten und geachteten Oberschicht Wiens waren, erschien ihm dies später unglaubwürdig, und er gab die Mißbrauchstheorie zugunsten der Theorie des Ödipuskomplexes wieder auf: Nach dieser Theorie spielt sich die Verführung nur in der Phantasie der Patientin ab und geht auf ihre eigenen Inzestwünsche zurück.

In den letzten Jahrzehnten ist die klassische hysterische Symptomatik in der von Charcot, Freud und Breuer beschriebenen Form seltsamerweise sehr selten geworden, wenn auch im Zusammenhang mit sexuellem Mißbrauch eine Form der Hysterie, die multiple Persönlichkeit, in letzter Zeit wieder verstärkt diskutiert wird.

Weitere Formen hypnotischer Therapie

Nachdem Freud die Hypnose aufgegeben hatte, verschwand sie als Psychotherapieverfahren für Jahrzehnte aus dem Repertoire der Ärzte und Therapeuten, obwohl sie auf Jahrmärkten und in Kinofilmen (zum Beispiel »Doktor Mabuse«) weiterhin Konjunktur hatte. Einige der Hypnose verwandte Formen lebten aber fort.

Bereits Ende des 19. Jahrhunderts hatte Emile Coué eine weit verbreitete Methode der Selbsthypnose durch Autosuggestion entwickelt, die an das Rosenkranzbeten der Katholiken erinnert. Der Übende wiederholte jeden Tag viele Male den Satz »Es geht mir von Tag zu Tag in jeder Hinsicht immer besser und besser.«

Aufbauend auf Coués Grundidee der Selbstbehandlung entwickelte der deutsche Militärarzt J.H. Schultz während des ersten Weltkrieges das Autogene Training. Mit sieben Standardformeln (»Mein rechter Arm wird ganz schwer.« »Das Herz schlägt ruhig und regelmäßig.« usw.) versetzt man sich in einen Zustand tiefer Entspannung. Ist dieser Prozeß erst einmal automatisiert, kann er sehr flott zu einer minutenschnellen Umschaltung des gesamten Organismus führen. In der Oberstufe des Autogenen Trainings wird mit Bildern und formelhaften Vorsätzen gearbeitet, die ähnlich wie posthypnotische Befehle wirken. Der Übende lernt auch, sich in Trance in phantasierten Szenerien zu bewegen (beispielsweise geht er zur Entspannung auf einem imaginierten Meeresgrund spazieren).

Eine aufdeckende Form der hypnotischen Therapie ist das 1955 von Hanscarl Leuner begründete Katathyme Bilderleben. Leuner, der stark psychoanalytisch beeinflußt war, entwickelte fünf Standardmotive, die dem Patienten zur Imagination vorgegeben werden (Wiese, Bach, Berg, Haus und Waldrand). Innerhalb dieser Motive werden die Patienten ermutigt, in Trance ihren spontanen Einfällen freien Raum zu geben, so daß eine Art gezielt herbeigeführter Tagtraum entsteht, der dann mit psychoanalytischen Methoden gedeutet wird.

Seit den siebziger Jahren erlebt die Hypnosetherapie mit den umwälzenden Neuerungen der Hypnosetechnik und der ihr zugrundeliegenden Philosophie durch den amerikanischen Psychiater und Psychologen Milton Erickson in fast allen westlichen Ländern eine Renaissance und zieht das intensive Interesse von Psychotherapeuten der verschiedensten Schulrichtungen auf sich.

Milton Erickson und die neue Hypnose

Der gelähmte Meister

Erickson war eine äußerst vielseitige und kreative Person, obwohl er schwerbehindert und im Alter an einen Rollstuhl gefesselt war. Er wurde 1901 in Aurum in der Sierra Nevada geboren, sein Vater arbeitete in einer Silbermine. Als Erickson sechs Jahre alt war, kauften seine Eltern eine Farm in Wisconsin, auf der die Familie von da an lebte. Als Schüler hatte Erickson den Spitznamen »Dictionary«, weil er oft stundenlang in einem Wörterbuch blätterte. Er war Legastheniker und konnte den alphabetischen Aufbau eines Wörterbuches nicht erfassen. Wenn er ein Wort suchte, begann er deshalb am Anfang des Lexikons und suchte Wort für Wort, Spalte für Spalte und Seite für Seite, bis er darauf gestoßen war.

Erickson war von Geburt an farbenblind und »tontaub« (er konnte keine Tonmelodien erfassen). Er wunderte sich als Kind oft, was die anderen Kinder um ihn herum dabei fanden, diese seltsamen Tonfolgen zu produzieren, die sie »Singen« nannten. Als Jugendlicher erkrankte Erickson schwer an Kinderlähmung, so daß drei Ärzte den Eltern bescheinigten, ihr Sohn würde den folgenden Morgen nicht mehr erleben. Während der nächsten elf Monate erinnerte er sich immer wieder an die Bewegungen seiner Kindheit, um die Muskelkoordination neu zu erlernen. Da seine jüngere Schwester gerade begann, Laufen zu lernen, hatte er ein gutes Vorbild für seine Versuche. Nach dieser Zeit war Erickson so weit, daß er an Krücken gehen und die Universität von Wisconsin besuchen konnte, um zu studieren.

Ericksons Frau Elisabeth berichtete vier Jahre nach seinem Tod in einem Brief an Jeffrey Zeig über den Verlauf der Krankheitsgeschichte ihres Mannes: »Mein verstorbener Mann ... erkrankte im Alter von 17 Jahren ... zum ersten Mal an Kinderlähmung. ... Er war völlig gelähmt und konnte nur noch sprechen und seine Augen bewegen. ... Viele Jahre später sagte er mir, daß sein dauernder Verlust von Muskelgewebe, vor allem auf der rechten Seite, normalerweise dazu geführt hätte, daß seine linke Schulter viel höher gewesen wäre als seine rechte und daß er einen sichtbar gedrehten Oberkörper gehabt hätte. Mittels bloßer körperlicher Anstrengung durch Übungen vor einem Spiegel gelang es ihm, seine Schultern auf gleiche Höhe zu bringen, wodurch er jedoch die Wirbelsäulenkrümmung um ein vielfaches verstärkte, die in jedem Falle eine Folge der Kinderlähmung gewesen wäre, wenn auch in geringerem Ausmaß. ... Seine wiederholt auftretenden Zeiten völliger Invalidität, progressiven Muskelschwunds und großer Schmerzen waren zumindest teilweise auf Knochensenkungen der verdrehten Wirbelsäule zurückzuführen, die sich durch arthritische Veränderungen noch verschlimmerten und Quetschungen und weitere Degenerationen der noch vorhandenen Teile gesunder Rückenmarksnerven zur Folge hatten ...« (Zeig, S. 25 ff.)

Aufgrund dieser Erkrankungen litt Erickson im Alter zunehmend unter starken Schmerzen, die er mühsam mit täglicher Selbsthypnose unter Kontrolle hielt. Er war körperlich sehr schwach und konnte wegen muskulöser Lähmungen im Mundbereich nur undeutlich sprechen. Auf Staub und einige Nahrungsmittel reagierte er allergisch und wurde mehrere Jahre lang mit Antigen-Injektionen behandelt. Im Alter von 51 Jahren kam es zu einem erneuten starken Muskelschwund, vermutlich durch eine nochmalige Infektion mit Kinderlähmung. Er brauchte nun beide Hände, um sein Eßbesteck zu heben, benutzte immer häufiger einen Rollstuhl, auf den er schließlich ganz angewiesen war. Auf seinen Beinen konnte er sich in den siebziger Jahren nur noch für den kurzen Moment abstützen, den er benötigte, um vom Rollstuhl auf seinen Bürostuhl zu wechseln. Zwischen 1970 und 1980 verlor er allmählich immer mehr seine Muskelkraft und teilweise auch die Kontrolle über Zungen- und Wangenmuskeln, so daß er sein künstliches Gebiß nicht mehr tragen konnte und immer undeutlicher sprach; darüber hinaus verlor er die Fähigkeit, die Augen längere Zeit auf einen Punkt auszurichten. Er mußte sein extensives

Lesen (sowohl von Fachliteratur als auch von Freizeitlektüre) aufgeben. Er begann, doppelt zu sehen, und sein Gehör war beeinträchtigt. Er atmete nur noch mit einigen Zwischenrippenmuskeln und einem halben Zwerchfell. Er litt an Gicht, einem leichten Emphysen (Lungenblähung) und in dessen Folge unter chronischer Atemnot. Die rechte Hand war nun sehr schwach, zum Schreiben mußte er sie mit der besser koordinierten linken Hand unterstützen.

Dennoch führte Erickson über Jahrzehnte eine vielbesuchte therapeutische Privatpraxis und war ein liebevoller Vater für seine acht Kinder. Sowohl die Kinder als auch Schüler und Patienten betonten immer wieder, ihn nicht verbittert oder resigniert erlebt zu haben. Jeffrey Zeig schreibt: »Seinen ungeheuren körperlichen Beschwerden zum Trotz war Erickson einer der lebensfrohesten Menschen, die man sich vorstellen kann.« (Zeig, S. 27) Burkhard Peter, der Erickson zwei Jahre vor seinem Tod besuchte, beschreibt ihn folgendermaßen: »Ich wußte von seinen Krankheiten, seinen Lähmungen und seinen chronischen Schmerzzuständen und erwartete einen davon gezeichneten Menschen. Nichts von alledem sah ich in seinem Gesicht: Neugierig, warm und herzlich und ein klein wenig verschmitzt sah er uns an. Es war, als gehöre dieser Mensch gar nicht zu diesem hinfälligen und gepeinigten Körper.« (Peter 1988)

Die hypnotischen Behandlungen fanden in Ericksons Haus statt (in einem Zimmer, das nach Aussagen seiner Patienten nicht viel größer als eine Briefmarke war). Die Patienten spielten im Wartezimmer mit seinen Kindern, waren also mit der Atmosphäre in Ericksons Familie vertraut. Mit 73 Jahren gab er seine psychotherapeutische Praxis auf und hielt nur noch Lehrseminare ab.

Sein übliches Stundenhonorar betrug nur 40 Dollar pro Sitzung (die bis zu vier Stunden dauern konnte). Auszubildende in einer Gruppensitzung bezahlten pro Kopf 4 Dollar. Wer mehr Geld hatte, bezahlte mehr, wer weniger hatte, weniger. Viele seiner Schüler wie Ernest Rossi und Jeffrey Zeig unterrichtete Erickson, ohne einen Pfennig dafür zu verlangen.

Erickson war Facharzt für Psychiatrie und Magister für Psychologie, später Professor für Psychiatrie und Klinische Psychologie an der Universität Michigan. Er war Co-Autor (mit E. Rossi) von drei Büchern über Hypnose, veröffentlichte mehr als 130 Fachartikel über Hypnotherapie, die Rossi in den vier Bänden seiner gesammelten Werke zusammenfaßte und der später auch noch weitere vier Bände von Ericksons Lehrseminaren herausgab. Er war Gründer und Präsident der Amerikanischen Gesellschaft für Klinische Hypnose und Herausgeber der Amerikanischen Zeitschrift für Klinische Hypnose.

Erickson widmete sein ganzes Leben der Erforschung und Entwicklung hypnotischer Kommunikationsmöglichkeiten. In Amerika war er allgemein als »Mr. Hypnosis« bekannt. Als Student hatte er im Labor des amerikanischen Hypnose-Forschers Clark Hull mitgearbeitet, brachte sich Hypnose aber selbst bei und absolvierte niemals eine psychotherapeutische Ausbildung oder Supervision.

Erickson war durch und durch Pragmatiker. Er arbeitete mit allem, was ihm einfiel, mit direkten und indirekten Methoden, mit paradoxen Anweisungen, Märchen, Briefen, Gedichten, verhaltenstherapeutischen Übungen, mit Herausforderung, Provokation, mit analytischen und systemischen Methoden. Fast jedes Mittel war ihm recht, sofern es dem Patienten half.

Erickson hatte gute Verbindungen zur sogenannten »Palo-Alto-Gruppe« in Amerika (Bateson, Watzlawick, Haley, Weakland u.a.), die das Double-Bind-Konzept der Entstehung von Schizophrenie und die Systemische Familientherapie entwickelte. Die Angehörigen dieser Gruppe fanden heraus, daß Erickson systematisch Doppelbotschaften zur Einleitung von hypnotischen Zuständen und Phänomenen verwandte.

Beispielsweise sagte er zu einem Patienten: »Wenn Ihr Unbewußtes meint, daß Sie jetzt gleich in eine leichte Trance gehen können, wird sich dann eine Ihrer beiden Hände heben können? Oder wenn Ihr Unbewußtes möchte, daß Sie später in eine tiefe Trance gehen können, werden dann Ihre beiden Hände für einige Zeit genauso unbeweglich liegen bleiben, wie sie jetzt liegen?« Einer solchen Art der Suggestion kann man sich kaum entziehen. Was immer die Hände des Patienten tun – es ist im Sinne der Suggestion und führt in eine Trance hinein.

Viele der Methoden, die Erickson intuitiv anwandte, wurden erst von seinen Schülern systematisch beschrieben. Beispielsweise arbeiteten John Grinder, Assistenzprofessor für Linguistik an der Universität Santa Cruz, und Richard Bandler, damals Psychologiestudent, im Jahr 1972 aus Videoaufzeichnungen von Ericksons Behandlungen eine Reihe von sprachlichen und nonverbalen Kommunikationsmustern heraus, die sie in ihre eigene Methode, das Neurolinguistische Programmieren (NLP), integrierten. Hypnotische Techniken werden im NLP beispielsweise dazu benutzt, um sich innerlich in die Zukunft zu orientieren (Future-Pace), oder um sich mental neben sich selbst zu stellen, damit aus einer gewissen Distanz heraus Zugang zu latenten Kraftquellen gewonnen werden kann (Meta-Position).

Das kreative Unbewußte

Erickson ging davon aus, daß es nicht notwendig sei, einem Klienten heilende Suggestionen von außen her einzuflößen oder überzustülpen, weil dieser alles, was er zur Heilung seiner Störung brauche, schon in seinem Unbewußten in sich trage. Für ihn war das Unbewußte nicht wie für Freud hauptsächlich negativ bestimmt als Sitz des Abgewehrten, Verdrängten, sondern vor allem ein Speicher wertvoller lebensgeschichtlicher Erfahrungen (Ressourcen), die durch hypnotische Techniken aktiviert und auf das zu behandelnde Problem angewandt werden können. Für Erickson war das Unbewußte also eine positive Kraft, das tieferes Wissen und größere Fähigkeiten in sich barg als das Bewußtsein. Immer wieder betonte er, man solle seinem Unbewußten vertrauen und erwarten, daß es von großem Nutzen sei. Wenn Erickson zum Beispiel etwas verlegt oder vergessen hatte, verstand er das so, als ob sein Unbewußtes dies gezielt beiseite gelegt habe, um ihn im geeigneten Augenblick wieder daran zu erinnern. Sinn seiner Therapien war es nicht, den Patienten hypnotisch »umzuprogrammieren«, sondern vor allem, die im Unbewußten bereits latent schlummernden Fähigkeiten hervorzuholen und anzuwenden. Die Ericksonsche Hypnosemethode erlegt dem Patienten keine Zwänge auf, sondern will ihn statt dessen von alten, eingefahrenen Denk- und Verhaltensstereotypien befreien und neue Wahlmöglichkeiten eröffnen.

Erickson ging davon aus, daß seine Patienten für ihre Probleme bereits sämtliche verstandesmäßigen Lösungen ausprobiert haben, ohne daß dies zum Erfolg führte und betrachtete eine Arbeit auf der bewußten Ebene als nicht weiter erfolgversprechend. »Mehr des Selben« könne nicht zum Erfolg führen. Daher arbeitete er mit den Ressourcen des Unbewußten. Nach Erickson geht die bewußte Einsicht weder notwendig einer Veränderung voraus, noch muß sie diese begleiten. Nach seiner Ansicht kann Veränderung unabhängig von Verstehen geschehen. Erickson benutzte die Arbeit mit Verstehen, Begreifen und Einsicht nur dann, wenn dies unmittelbar zu einer Veränderung auf der Ebene des Erlebens und Verhaltens beitrug.

Die Frisbee-Therapie

Die wichtigste Neuerung, die Erickson in die Hypnotherapie einführte, war die Idee der Indirektheit. Wenn ein traditioneller Hypnotiseur beispielsweise suggeriert: » ... Ihr Körper ist schwer und entspannt. ... Sie fühlen sich müde und schwer. ... «, aber der Hypnotisierte ist immer noch angespannt und aufgeregt, dann kann dies den Kontakt zwischen beiden (den hypnotischen Rapport) unterbrechen. Was der Hypnotiseur sagt, stimmt nicht mit dem Erleben des Hypnotisierten überein. Solch eine Art der Hypnose empfinden viele Menschen als schematisch und dirigistisch. Sie fühlen sich gedrängt und manipuliert. Dirigistische Hypnose lädt geradezu dazu ein, aus dem hypnotischen Prozeß auszusteigen oder die Suggestionen gar nicht erst an sich heranzulassen. Wesentlich eleganter ist es, die Suggestionen wie Erickson kunstvoll vage zu formulieren, so daß der Hypnotisierte lediglich vorsichtige Andeutungen einer Richtung erhält, in welche die Suggestionen gehen. Diese Anregungen kann er dann mit seinem eigenen Erleben ausfüllen und auf seine eigene Art in Trance gehen.

Berichten seiner Patienten und Schüler zufolge fühlte man sich in Ericksons Gegenwart nie ganz im Gleichgewicht. Er benutzte gern auch in Alltagsgesprächen hypnotische Konfusionen und »parallele Kommunikation« durch Analogien, Andeutungen und indirekte Beschreibungen. Er kommunizierte oft auf einer Stufe, die einen Schritt vor der direkten Benennung der Dinge lag, um das Unbewußte seines Gegenübers zu eigener Aktivität anzuregen. Wenn man ihm zum Beispiel eine Frage stellte, die eigentlich ganz einfach mit »Ja« oder »Nein« zu beantworten gewesen wäre, machte er sich oft einen Spaß daraus, eine Antwort zu finden, mit der er eine direkte Antwort vermeiden konnte, auch wenn sie dadurch wesentlich länger wurde. Um zu erfassen, was er meinte, mußte man seine Antwort erst entschlüsseln, aber dadurch »haftete« seine Aussage wesentlich deutlicher und länger im Bewußtsein. Ericksons Therapie war eine Art »Spieltherapie für Erwachsene«. Er liebte es beispielsweise, seinen Patienten Denksportaufgaben oder paradoxe Instruktionen zu geben, und tat oft (fast immer) das Gegenteil von dem, was man erwartet hätte oder was traditionellen Vorstellungen von einer therapeutischen Intervention entsprach.

Da das Unbewußte sich in aller Regel nicht direkt ausdrückt, sondern meistens indirekt, etwa durch Symptome, Fehlhandlungen oder Träume, war für Erickson der indirekte Weg der direkteste Weg zum Unbewußten. Er bemühte sich, mit dem Unbewußten möglichst unter Umgehung des Bewußtseins zu kommunizieren. Beispielsweise erzählte er dem Patienten langatmige (mitunter sehr langweilige) Geschichten mit einigen dramatischen Höhepunkten, in denen er einen bestimmten zu suggerierenden Inhalt verpackt hatte, der jedoch nicht direkt ausgesprochen, sondern in die Handlung der Geschichte eingewoben war. Auf diese Weise konnte der Patient kaum Widerstand gegen die Suggestion entwikkeln, denn scheinbar war ihm ja gar keine Suggestion gegeben, sondern nur eine relativ belanglose Geschichte erzählt worden, die mit ihm kaum etwas zu tun hatte. Diese Methode war oft erstaunlich wirkungsvoll, obwohl der Patient meist nicht erkannte, was Erickson eigentlich tat – ja noch nicht einmal, ob er überhaupt etwas tat.

Wenn ein Ericksonscher Hypnotherapeut mit seinem Patienten arbeitet, dann ist die Kommunikation zwischen beiden manchmal dem Spiel zweier Frisbee-Spieler vergleichbar, die die Plastikscheibe in einem Bogen um einen Baum herumwerfen. Der Widerstand des Patienten (der Baum) ist ein sinnvoller und wesentlicher Teil des Gesamtsystems seiner Psyche. Manchmal kann es daher wirksamer sein, den Widerstand zu umgehen, statt ihn, wie in anderen Therapieformen, auflösen zu wollen. Insbesondere wenn man schnell zu konkreten Problemlösungen kommen will, ohne gleich die ganze Persönlichkeitsstruktur zu verändern, kann die indirekte hypnotische Kommunikation helfen: Sie ermöglicht Verlagerungen im Unbewußten, die auf direkte Art nur mühsam und langwierig zu erreichen wären.

In der indirekten Hypnose sind die Suggestionen meist in Bilder und Symbole verpackt, um das Bewußtsein nicht zu Abwehr und Kontrolle herauszufordern. Auf mehreren Ebenen zugleich lassen sich hypnotische Mittel einsetzen, die es dem Bewußtsein erleichtern, Kontrolle abzugeben, Suggestionen aufzunehmen und umzusetzen.

Die suggestiven Inhalte werden durch subtile Stimmveränderungen für das Unbewußte kenntlich gemacht (»analog markiert«). So gehen indirekte Suggestionen leicht, meist unbemerkt, am Bewußtsein vorbei direkt ins Unbewußte.

Aus der Werkstatt von Dr. Erickson

Die Ideen und Strategien von Milton Erickson werden noch heute von Therapeuten der verschiedensten Schulen wie eine Art Steinbruch benutzt, um aus seiner immensen Kreativität Anregungen für ihre eigene Arbeit zu gewinnen. Diese Techniken umfassend darzustellen würde den Rahmen dieses Buches sprengen. Ich möchte nur kurz einige wichtige Ansätze nennen, um eine gewisse Vorstellung davon zu vermitteln, wie die »neue«, Ericksonsche Hypnosetherapie funktioniert:

— *Utilisation:* Eine von Ericksons Grundideen war, daß jedes Muster, jede Denk- und Erlebnisweise, jede Verhaltenseigentümlichkeit, Ansicht, Eigenart oder Gewohnheit des Patienten dazu genutzt werden kann, um hypnotischen Kontakt zu ihm aufzunehmen und ihm zu helfen, gesund zu werden. Er bemühte sich geschickt, sogar jene Kräfte, die einer Heilung entgegenzuwirken schienen (den Widerstand), im Interesse des Heilungsprozesses zu nutzen (»utilisieren«).

- *Pacing und Leading:* Erickson suchte den Klienten stets innerhalb seines eigenen Bezugsrahmens auf. Er begleitete und spiegelte zunächst die Einstellungen des Klienten (Pacing) und flocht dann sehr vorsichtig seine Suggestionen in die begleitenden Formulierungen ein (Leading).
- *Konfusion:* Erickson bediente sich gern gezielter Verwirrungsmanöver, um das Bewußtsein des Patienten »auszuhebeln«. Wenn die Konfusion am größten war, bot er dem Patienten die eigentlich beabsichtigte Suggestion an, die dieser dann gern annahm, um aus dem unangenehmen desorientierten Zustand wieder herauszukommen.
- *Metaphern:* Vor allem in seinen letzten Lebensjahren arbeitete Erickson am liebsten mit hypnotischen Geschichten. Wenn zum Beispiel ein Patient mit Flugangst zu ihm kam, erzählte er ihm ausführlich, wie sein jüngster Sohn gerade gelernt hatte, Dreirad zu fahren. In diese Geschichte waren Suggestionen verpackt. Dadurch wurden die vermittelten Ideen für den Patienten lebendig und prägten sich unauslöschlich im Gedächtnis ein.
- *Beiläufige Hypnose:* Erickson bewirkte hypnotische Zustände und Phänomene beiläufig durch indirekte Suggestion im Gespräch, ohne daß dem Patienten oder einem ungeschulten Beobachter aufgefallen wäre, daß er gerade hypnotisch arbeitete.
- *Reframing:* Er deutete Erlebnisse begrifflich um und veränderte dadurch ihre emotionalen Auswirkungen für die Person. Negative oder einschränkende Gedanken oder Verhaltensmuster des Patienten deutete er beispielsweise um in Wachstumsversuche der Psyche, eine Neurose war Ausdruck eines Selbstheilungsversuchs, Schmerz wurde gedeutet als ein hilfreiches Signalsystem des Körpers.
- *Deframing:* Die hypnotische Trance soll nach Ericksons Auffassung vor allem ein Verlassen der gewohnten Bezugsrahmen bewirken. Durch Hypnose schwächte er die eingefahrenen Muster der psychischen Verarbeitung und regte das Unbewußte zu selbständigen, kreativen Veränderungsprozessen an.
- *Indirekte Assoziationslenkung:* Erickson steuerte indirekt durch Metaphern, Andeutungen und Anspielungen die Einfälle und Gedanken, die Energie und Handlungen des Klienten in eine produktive Richtung.

— *Aktive Therapie:* Er griff aktiv in das Leben seiner Patienten und Schüler ein. Dabei ging er davon aus, daß es seine Verantwortung sei, den Patienten zu ändern, weil dieser eine Veränderung aus seiner eigenen Kraft heraus nicht schaffe. Für ihn war es zum Beispiel nicht ungewöhnlich, einen Patienten anzurufen, um ihm zu sagen, er solle zu einer Therapiesitzung zu ihm kommen.

— *Säen:* Um eine grundsätzliche Zustimmungshaltung im Klienten zu fördern, bereitete Erickson seine Hauptintervention oft durch eine Serie von Andeutungen vor und baute die angezielte Reaktion des Patienten in kleinen Schritten auf. Er »säte« die Suggestionen aus, bevor er sie ausdrücklich vermittelte.

— *Minimale Hinweisreize:* Er bot seine Suggestionen manchmal in Form von winzigen, fast unmerklichen Signalen dar. Wenn er beispielsweise wollte, daß ein hypnotisierter Patient die Augen schloß, signalisierte er das durch beiläufige Bewegungen mit seiner Hand in Richtung zum Fußboden, denen die Augen des Patienten unbewußt folgten, wodurch seine Augenlider sich nach unten richteten. Daraus entwickelte er dann den suggerierten Augenschluß.

— *Erlebnisorientierte Therapie:* Er band seine hypnotischen Interventionen oft in reale oder phantasierte dramatische Szenerien ein, um starke Emotionen zu wecken, damit das Tranceerlebnis dem Patienten unvergeßlich wurde.

Limericks von einem Hund

Obwohl Erickson als einer der Väter der Kurzzeittherapie gilt, behandelte er einige Patienten viele Jahre lang. Einer der rührendsten seiner Fallberichte handelt von einer langfristigen Therapie mit John, einem chronisch schizophrenen jungen Mann, der in Ericksons Nachbarschaft lebte. (Zeig, S. 41 ff.) Erickson betrachtete Schizophrene als Experten für indirekte Kommunikation, also baute er für John einen Bezugsrahmen auf, in dem er mit ihm indirekt kommunizieren konnte. Er schickte seine jüngste Tochter Kristi mit John zusammen in ein Tierheim, um mit ihm ein Hundewelpen zu erwerben, das Barney genannt wurde. Für diesen Hund mußte John die Verantwortung übernehmen. Der Hund lebte in Ericksons Haus, und John kam täglich dorthin, um sich um ihn zu kümmern. Erickson schrieb über viele Jahre hinweg Briefe »von Barney an John«, in die er auf komplexe Weise indirekte Suggestionen einbettete und insgesamt 44 Limericks (Kurzgedichte), in denen er die schizophrene Sprech- und Denkweise nachahmte. Ich möchte hier nur einen davon wiedergeben:

John the wonderful has a hound
That he happily rescued from the pound
For him John does choose
Various things called chews
Barney thinks that it's wonderful to have John around.

Auf deutsch bedeutet das etwa:

John der Wunderbare hat einen Hund
Den er glücklich aus dem Tierasyl rettete
Für ihn entscheidet John
Verschiedene Dinge
Barney denkt, daß es wunderbar ist,
John um sich herum zu haben.

Erickson starb 1980 mit 79 Jahren, kurz vor Beginn des ersten internationalen Kongresses über ericksonianische Hypnosetherapie, den Jeffrey Zeig ihm zu Ehren organisiert hatte.

Eigene Erfahrungen
mit hypnotischen Zuständen

Der schwebende Nikolaus

Im letzten Jahr meines Psychologiestudiums, es war 1978, fielen mir beim Stöbern in einer Buchhandlung einige Bücher über Hypnose in die Hände. Hypnose – das klang für mich damals wie Zauberei. War es wirklich möglich, wie in einigen dieser Bücher beschrieben, blitzschnell unbegrenzte Macht über andere Menschen zu gewinnen? Ich war skeptisch, aber auch neugierig und gab eine Kleinanzeige im Berliner Stadtmagazin »zitty« auf: »Wer hat Lust zur Gründung einer Selbsthilfe-Arbeitsgruppe für Experimente mit Hypnose?« Zum ersten Treffen kamen zwölf Leute, die meisten waren Studenten. Einer von ihnen war ein Iraner, er hieß Darioosh. Er hatte in einer alten Mysterienschule im Iran (heute würde man sie als »Ashram« bezeichnen) Hypnose erlernt. Darioosh war ein gutaussehender junger Mann mit einer angenehmen, weichen Stimme. Er benutzte zwar überwiegend direktive Formulierungen wie: »... Deine Arme werden ganz schwer, ... Du wirst müde ...«, aber er sprach die Suggestionen so sanft und zurückhaltend, daß man nie das Gefühl hatte, gedrängt oder überwältigt zu werden. Von Darioosh und aus diversen Büchern, die wir gemeinsam studierten, lernten wir innerhalb der nächsten Monate die Grundlagen des Hypnotisierens.

Wir gingen ziemlich naiv und spielerisch an die Sache heran und fanden es zuerst erstaunlich einfach. Freunde und Bekannte ließen wir die eigene Telefonnummer vergessen, wir erlegten ihnen auf, daß, wenn sie nach einer Zahl gefragt würden, sie immer nur »vier« antworten könnten, wir ließen sie am Stuhl festkleben und erzeugten posthypnotische Halluzinationen, wie

45

zum Beispiel nach dem Aufwachen einen Schmetterling an der Wand sehen. Ich dachte im Traum nicht daran, diese Methode einmal professionell zu nutzen. Hypnose war für mich eher ein Partyspaß, hatte aber auch etwas Mysteriöses, fast Okkultistisches, wie Geisterbeschwörung oder Tischerücken. Außerdem empfand ich Hypnose, so wie ich sie damals kennenlernte, als Manipulation. Jemand wurde in einen empfänglichen Zustand versetzt, dann sagte man ihm, was er tun sollte, und in vielen Fällen tat er das dann auch. Es wäre mir nie eingefallen, einen Menschen hypnotisch zu beeinflussen, wenn es um etwas wirklich Wichtiges dabei ging. Die ericksonianische Technik, von der ich schon gehört und gelesen hatte, kam mir zu jener Zeit so komplex und raffiniert vor, daß ich mir absolut nicht vorstellen konnte, sie jemals auch nur in Ansätzen zu beherrschen.

Nach Beendigung des Studiums arbeitete ich für einige Jahre beim Jugendamt in Berlin-Kreuzberg als Familienhelfer. Das Jugendamt wies mir Familien zu, in denen das Kreuzberger Chaos überhand genommen hatte. Die erste Familie, mit der ich arbeitete, stammte aus Kroatien. Der jüngste Sohn, der dreizehnjährige Niki (eigentlich Nikolaus), weigerte sich standhaft, zur Schule zu gehen, handelte mit Drogen und klaute wie ein Rabe, wobei er regelmäßig erwischt wurde und öfter ins Gefängnis mußte. Ab und zu war Niki mit seinen Freunden bei mir zu Hause zu Besuch. Als er erfuhr, daß ich mich mit Hypnose beschäftigte, war er sofort Feuer und Flamme. Fast alles, was nicht mit Schule zu tun hatte, interessierte ihn sehr. Ich bat Niki, sich in meinem Wohnzimmer auf den Fußboden zu legen, und suggerierte ihm: »Dein Körper wird schwer und immer schwerer, ... ganz schwer, ... es ist unmöglich, ihn zu bewegen, ... dein Körper wird steif, ... die Beine werden steif, ... der Rücken wird steif, ... die Arme werden steif, ... der Nacken wird steif, ... der ganze Körper ist vollkommen steif und unbeweglich...«

Unterstützt durch schnelle, feste Berührungen am Rücken, an Armen und Beinen wurde Nikis Körper innerhalb weniger Minuten steif wie ein Brett. Ich bat seinen arabischen Freund Abdel und seinen zwei Jahre älteren Bruder Drago, Niki am Kopf und an den Füßen zu fassen und zwischen zwei Stühle zu legen, so daß der Kopf auf dem einen Stuhl und die Füße auf dem anderen lagen. Niki lag nun stocksteif da, die Augen fest geschlossen. Ich bat Abdel (der nicht gerade ein Leichtgewicht war), sich vorsichtig auf Nikis Bauch zu setzen, und auch das gelang mühelos.

In den Wochen danach versuchte ich mehrmals, Niki durch Hypnose zu regelmäßigem Schulbesuch und zur Anfertigung eines Minimums an Hausaufgaben zu bewegen und ihm das notorische Stehlen und Dealen abzugewöhnen, was jedoch vollständig mißlang. Niki war ausgesprochen eigensinnig. Selbst unter Hypnose machte er, was er wollte, und sonst nichts. Außerdem war meine Hypnosetechnik noch ziemlich unausgereift. Ich hatte noch nicht gelernt, mit dem Klienten zusammen Ziele zu entwickeln und auszuformulieren und die persönlichen Eigenheiten und den Widerstand des Hypnotisierten suggestiv zu nutzen.

Das Zeitloch

Viele Jahre nach diesen ersten Hypnoseerfahrungen reiste ich mit meiner Freundin nach Indonesien. Wir hatten uns eine Hütte in den Bergen von Bali gemietet, mit einem wundervollen Blick auf ein palmenumsäumtes Flüßchen. Jeden Morgen nach dem Frühstück setzte ich mich für eine Weile neben die Hütte auf mein aufblasbares Meditationskissen mit Blick zum Wasser, um Meditationsübungen zu machen.
An diesem Morgen fragte ich meine Freundin, ob sie nicht Lust hätte, gemeinsam mit mir zu sitzen. Sie stimmte zu. Ich nahm also Platz, ruckelte mich zurecht, sie kam dazu und setzte sich etwa einen Meter rechts von mir auf eine zusammengefaltete Wolldecke. Sie bewegte sich einige Male hin und her, stand dann wieder auf und ging zurück in die Hütte. Ich dachte mir, daß sie sich wohl anders entschieden hätte, und blieb noch ungefähr eine Dreiviertelstunde lang sitzen. In dieser Zeit machte ich alle möglichen Übungen, teilweise saß ich auch einfach nur da und genoß die Natur. Später fragte ich meine Freundin: »Warum bist du eigentlich gleich wieder aufgestanden?« Sie sagte: »Wieso gleich wieder? Ich habe doch eine halbe Stunde zusammen mit dir

gesessen.« Ich war völlig verblüfft, denn ich war mir absolut sicher, daß sie nicht länger als 20 Sekunden dort gesessen hatte. Die Uhr bestätigte es: Es waren tatsächlich fast eineinhalb Stunden vergangen. Offenbar befand ich mich für eine halbe Stunde in einem veränderten Bewußtseinszustand, an den ich anschließend keine Erinnerung mehr hatte.

Etwa ein Jahr später nahm ich an einer NLP-Weiterbildung bei Wolfgang Lenk in Berlin teil. Wir lernten eine NLP-Technik, die geeignet ist, sich wieder in eine Situation hineinzubegeben, die man als besonders beeindruckend oder befruchtend erlebt hat. Zunächst stellt man sich die Situation von außen vor. Dabei entwickelt man ein Bild von sich selbst, das der damaligen Situation entspricht.

Man visualisiert, wie man aussieht, wie man sitzt, steht oder liegt, wie in der betreffenden Situation der eigene Gesichtsausdruck und die Körperhaltung beschaffen sind, was man mit seinen Händen und Füßen macht, was man sieht, hört, riecht oder schmeckt. Man entwickelt also eine möglichst vollständige Vorstellung von sich selbst in der betreffenden Situation, die alle fünf Sinneskanäle (Sehen, Hören, Riechen, Schmecken und Tasten/Fühlen) umfaßt.

Wenn man diese Vorstellung so klar wie möglich ausgearbeitet hat, begibt man sich in das Bild hinein und beginnt, sich so zu erleben, als ob man hier und jetzt in dieser Situation sei. Diese Methode ist sehr einfach, aber außerordentlich effektiv. Man kann sich damit schnell und lebendig in praktisch jede beliebige Situation hineinversetzen.

Als Übungssituation wählte ich mein »Zeitloch« in Indonesien. Ich stellte mir vor, wie ich neben der Hütte saß und meditierte, während ich mich in einem Zustand befand, an den ich mich nachträglich nicht mehr erinnerte.

Als ich mich in diese Situation hineinversetzte, war es, als würde ich mich in ein schwarzes Loch begeben. Es war so, als ob es in diesem Zustand keinen Raum und keine Zeit gebe und die Naturgesetze keine Gültigkeit hätten. Die Welt war nicht existent, und ich war es auch nicht. Es gab nur ein allumfassendes Nichtsein in ewiger Zeitlosigkeit. Ein beeindruckendes Erlebnis – schwer in Worte zu fassen.

Wolfgang gab uns die Instruktion, einen Übergang zwischen der vorgestellten Situation und unserem alltäglichen Leben zu schaffen. Ich hatte das Gefühl, das sei nur möglich, wenn ich in meinem Tranceerleben ein »Wurmloch« erzeugte. (Wurmlöcher sind, im Gegensatz zu schwarzen Löchern, bis heute astronomisch noch nicht entdeckt. Es handelt sich um mathematische Schlußfolgerungen aus Einsteins allgemeiner Relativitätstheorie. Man geht davon aus, daß jene Materie und Energie, die von einem schwarzen Loch angesaugt wird, in einiger Entfernung von einem »weißen Loch« wieder abgestoßen wird. Die Verbindung zwischen einem schwarzen und einem weißen Loch wird als Wurmloch bezeichnet.) Im Seminarraum hatte ich das Bedürfnis, mich nach unten auf den Fußboden zu begeben, um aus meinem schwarzen Loch in einer U-förmigen Bewegung, quasi unter der Realität hindurch, in das weiße Loch hinüberzu»tunneln«. Als ich in diesem phantasierten, tunnelartigen Gebilde war, hatte ich alle möglichen eigenartigen Wahrnehmungen und Empfindungen, unter anderem Assoziationen an den Geburtskanal. Als ich dann im weißen Loch ankam, fühlte ich mich strahlend und kraftvoll, voller Energie, wie neugeboren.

Bis heute ist mir unklar geblieben, was diese Erfahrung bedeutete, aber ich fand sie faszinierend. Ich habe sie beschrieben, weil sie vielleicht einen Eindruck davon vermitteln kann, wie man hypnotische Realitäten erlebt und wie man durch Trancearbeit ziemlich rasch Kontakt zu transzendenten Bewußtseinsebenen gewinnen kann.

Masurisches Sitzfleisch

Wiederum einige Jahre später nahm ich an einem Hypnose-Weiterbildungsseminar teil, das in Wigry stattfand, einem wunderschönen alten Kloster, welches umgeben von Seen inmitten der masurischen Seenplatte in Polen liegt. Eines der Seminare wurde geleitet von Bernhard Trenkle, der die Milton-Erickson-Gesellschaft in Rottweil leitet. Es ging um Tranceinduktionen mit Geschichten. Ich saß auf einem massiven Eichenholzstuhl im Untergeschoß des Klosters und fixierte den Kreuzungspunkt eines Bleiglasfensters. Ein Kollege aus München führte mich in Trance. Er suggerierte mir, daß meine Augen sich von selbst schließen würden und daß mein Körper schwer und unbeweglich würde. Als die Trance gerade begann, tiefer zu werden, merkte ich, daß ich dringend zur Toilette mußte. Ich hatte nach dem Mittagessen eine Menge Tee und Mineralwasser getrunken, und die Flüssigkeit wollte jetzt wieder heraus. Na ja, dachte ich, so lange wird das ja nicht dauern. In diesem Moment gab Bernhard den Hypnotiseuren die Instruktion: »Und jetzt dehnt bitte die Trance auf eine Dreiviertelstunde aus.«

Zwar war ich nun in Trance, hatte aber das Gefühl, daß ich innerlich durchaus klar denken konnte. Ich kam mir vor wie ein freier und wacher Geist innerhalb eines unbeweglichen, erstarrten Körpers. Nach einer Weile spürte ich einen deutlich zunehmenden Druck in meiner Blase. Während der Kollege, der mich hypnotisierte, immer weitersprach und mir eine endlose Geschichte mit allen möglichen eingebetteten Suggestionen erzählte, versuchte ich ihm mitzuteilen, daß ich ein dringendes Bedürfnis hätte. Ich öffnete den Mund, meine Lippen stülpten sich nach vorn, um zu sprechen, aber es kam kein Ton heraus. Mein Mund erstarrte im Akt des Sprechens, Lippen und Zunge verweigerten den Dienst. Der Kollege tat, was er gelernt hatte, er nahm das wahrgenommene Verhalten auf: » ... und da können Bewegungen auftreten, ... und jede Bewegung deiner Lippen kann dich noch tiefer in Trance führen ... .« Technisch gesehen war das korrekt, er konnte ja nicht wissen, worum es ging.

Nach einer Weile, der Druck in meiner Blase nahm weiterhin zu, wurde es mir langsam zu dumm. Ich wollte zum Zeichen, daß ich jetzt aufstehen wollte, meinen Arm heben, aber es gelang mir nur mit großer Mühe. Der Arm hob sich im Zeitlupentempo, als würde er sich durch Sirup bewegen. Der Kollege freute sich, denn es schien ihm gelungen zu sein, eine Armlevitation zu bewirken, und zwar durch Suggestionen, die so indirekt gewesen sein mußten, daß er sie selbst nicht bemerkt hatte. Jedenfalls begleitete und förderte er im ericksonianischen Stil die Bewegung meines Armes: » ... der Arm kann sich heben, ... und je höher er sich hebt, um so tiefer kannst du in die Trance versinken ... .« Wunderbar, dachte ich, nur: Wie komme ich jetzt zur Toilette?

Der Druck in meiner Blase verwandelte sich langsam in Schmerz. Ich wäre liebend gern aufgestanden und hätte getan, was die Natur verlangte, aber ich konnte es nicht. Ich befand mich in einer hypnotischen Katalepsie, mein Körper war steif und nahezu unbeweglich. Der Harndrang wurde jetzt fast unerträglich. Innerlich empfand ich die Situation dennoch als belustigend, obwohl ich schon längst nicht mehr »mitspielen« wollte. Ich unterlag einem hypnotischen Zwang, den der Hypnotiseur durch seine fortgesetzten Tranceinduktionen auf mich ausübte.

Nach einer ganzen Weile, die mir wie eine Ewigkeit erschien, kam in dem endlosen Sermon von Suggestionen meines Hypnotiseurs die Formulierung vor: » ... und du kannst alles tun, was notwendig ist, damit du dich wirklich wohl fühlst ... «. Diesen Satz nahm ich als Erlaubnis, blitzschnell die Worte hervorzukeuchen: »Ich muß mal dringend zur Toilette!« Der Hypnotiseur kicherte und erlaubte es mir. Daraufhin sprang ich auf und rannte mit gekrümmtem Bauch zum WC.

Seit diesem Erlebnis weiß ich genau, daß man durch Hypnose einem Menschen durchaus nicht nur Dinge suggerieren kann, die seinem Willen oder seinen Bedürfnissen entsprechen. Wenn jemand erst einmal in Trance ist, kann man ihm auch Zwänge auferlegen, gegen die er sich willentlich kaum wehren kann. Auf die möglichen Gefahren, die sich daraus ergeben, werde ich in späteren Kapiteln zurückkommen.

Ein Hölzchen an der Drachenschnur

Einige Monate später, an einem Freitag vormittag, stand ich vor der Wohnungstür von Sigfried Mrochen in Berlin. Sigfried war damals Professor an der Berliner Fachhochschule für Sozialarbeit und Ausbilder für Gesprächstherapie, Hypnotherapie und NLP. Ich machte seit einer Weile bei ihm Einzelsupervision. Sigfried ist einer der wenigen deutschen Therapeuten, die Erickson noch persönlich kennengelernt haben, und gilt als Fachmann für Kinderhypnose in Deutschland.

Ich erzählte Sigfried, daß ich gern einmal Anästhesie durch Hypnose erleben wollte, denn nur aus eigenem Erleben heraus könnte ich mir vorstellen, dies auch bei anderen anzuwenden. Er war einverstanden. Also suchte ich mir einen Schmerzreiz, der deutlich wahrnehmbar, aber ungefährlich war. Ich nahm von einer Pinwand in seinem Arbeitszimmer einen Nadelstift mit Plastikkopf und klemmte ihn mir quer zwischen das oberste Glied des Mittel- und des Ringfingers, so daß die Nadel des Stiftes deutlich schmerzhaft, aber ohne Gefahr einer Verletzung in die Haut an der Seite meines Mittelfingers hineinpiekte. Die Hand legte ich auf der Sessellehne ab und entspannte sie. Durch diese Entspannung wurde der Schmerzreiz noch ein wenig stärker.

Sigfried leitete meine Trance mit verwirrenden Formulierungen ein, in die er die Worte »hier« und »dort«, »ich« und »du«, »gestern«, »heute« und »morgen«, »du hier«, und »der Körper dort« durcheinanderwirbelte. Nach kurzer Zeit war ich mir nicht mehr im klaren darüber, ob ich gestern hier in meinem Körper war, oder ob ich morgen hier gewesen bin, während mein Körper gestern dort sein würde, und so fort. Ich wurde konfus, und genau das war auch Sigfrieds Absicht. Wenn man verwirrt ist, greift man gern nach jeder klaren Anweisung, die aus der Verwirrung heraushilft. In diesem Fall war es eine indirekte Anästhesie-Suggestion.

Sigfried erzählte mir eine langatmige Geschichte, von der ich das meiste anschließend nicht mehr wußte. Der Kern der Geschichte war, daß er einige Tage zuvor auf einem Stoppelacker Kinder gesehen hatte, die Drachen steigen ließen. Eines der Kinder hatte ein Holzstöckchen an die Drachenschnur gebunden, dieses

Stöckchen eine Weile in der Hand gehalten und dann von dem Drachen Stück für Stück in die Höhe ziehen lassen. Als wir an dieser Stelle waren, hatte ich das Gefühl, daß der Schmerzreiz langsam von mir weg in die Höhe schwebte. Nach einer Weile, ich war weiter in Trance, fragte mich Sigfried, ob sich der Schmerzreiz an meiner Hand verändert hätte. Tatsächlich konnte ich überhaupt keinen Schmerz mehr wahrnehmen. Er holte mich aus der Trance zurück, und sofort spürte ich den Schmerz so deutlich wie zu Anfang. Ich hatte gerade eine hypnotische Anästhesie erlebt.

Ein Teufel an der Regenrinne

Ich saß bei Christa Schödermaier, meiner Zahnärztin, auf dem Behandlungsstuhl. Christa hat eine Ausbildung in zahnärztlicher Hypnose absolviert. Ich hatte mir allerdings vorgenommen, bei dieser Behandlung eine Anästhesie durch Selbsthypnose zu versuchen. Eine tiefe Füllung in einem Backenzahn mußte herausgebohrt und der Zahn mußte abgeschliffen werden, um ihn für eine Krone vorzubereiten. Normalerweise ist das eine ziemlich schmerzhafte Angelegenheit, die in der Regel nicht ohne Betäubung durchgeführt wird. Ich machte es mir so gut es ging auf dem Zahnarztstuhl gemütlich und verabredete mit Christa, daß sie sofort mit dem Bohren aufhören solle, wenn ich meine linke Hand heben würde.

Während sie alles vorbereitete, hatte ich einige Minuten Zeit, um in meine innere Welt zu gehen und mir ein Tranceszenario aufzubauen. Ich merkte (und mein ganzer Organismus merkte mit mir), daß die Sache jetzt funktionieren mußte, denn sonst würde es weh tun. (Es ist ein bekannter Effekt in der Hypnose, daß die Trance im Ernstfall wesentlich besser funktioniert, als wenn man nur harmlos experimentiert.)

Plötzlich hörte ich aus dem benachbarten Behandlungsraum, in dem eine andere Zahnärztin arbeitete, Bohrergeräusche. Mir war klar, daß ich diese Geräusche irgendwie in meine Selbsthypnose einbauen mußte, um nicht aus der Trance herausgerissen zu werden.

Ich etablierte also in meiner inneren Welt einen Trancestandort auf einer Bank in der Nähe des Örtchens Urbach im Südschwarzwald. Dort hatte ich im letzten Winter Freunde besucht, mich entspannt und wohl gefühlt. Die Bank steht in der Nähe eines großen Sägewerks, und man hört deutlich die Sägegeräusche. Ich stellte mir also vor, ich säße auf dieser Bank und das Bohrergeräusch sei das des Sägewerks.

Aber es gab noch einen weiteren Anteil der Situation, der seinen Raum in meiner inneren Welt haben mußte. Ich merkte nämlich, daß ich etwas Angst vor der Behandlung hatte, und auf der Bank im Schwarzwald hatte ich keine Angst. Ich erinnerte mich daran, daß ich vor Monaten einmal geträumt hatte, ich könne fliegen – allerdings nur nach oben und nicht wieder herunter. Im Traum hing ich als Vogel hoch oben an einer Dachrinne und wußte nicht, wie ich wieder hinunterkommen sollte. In jenem Traum hatte ich Angst. Ich begab mich also in der Phantasie in eine Straße in der Nähe meiner Wohnung. In meiner Phantasiewelt war ich ein geflügelter schwarzer Teufel und flog nach oben bis zur Dachrinne, hielt mich an ihr fest und schaute nach unten. Als Teufel an der Regenrinne hatte ich Angst, herunterzufallen, und auf diese Weise bekam auch meine Angst jetzt ihren Ort. Für den Aufbau dieser beiden Trancestandorte brauchte ich etwa zwei Minuten.

Mein Bewußtsein war jetzt auf drei Orte verteilt: Ich wanderte im Geist ständig zwischen der Bank im Schwarzwald, der Dachrinne und dem Zahnarztstuhl hin und her. Diesen Zustand nennt man in der Hypnotherapie »Dissoziation«. Ob diese Aufteilung real oder lediglich innerlich passierte, sei der Weltanschauung der Leserin oder des Lesers überlassen. Esoterisch orientierte Menschen würden von einer »Astralreise« sprechen. Nach meiner persönlichen Weltanschauung spielen sich Dissoziationsprozesse jedoch nur in der Phantasie, also subjektiv, ab. Sie führen aber auf jeden Fall dazu, daß man sich von seinem Körperempfinden weitgehend ablösen kann. Je stärker und stabiler man dissoziiert ist, um so weniger spürt man seinen realen Körper.

Die Behandlung begann. Ich empfand zwar zeitweise noch etwas Schmerz, aber er erreichte bei weitem nicht die Schwelle dessen, was ich ertragen konnte. Die maximale Schmerzintensität betrug etwa 40 Prozent dessen, was ich noch gut »nehmen« konnte. Mein Schmerzempfinden war durch die Selbsthypnose zwar nicht aufgehoben, aber deutlich vermindert.

Am Ende sagte Christa zu mir: »... und jetzt drehe die kleinen Hähnchen in deinem Kiefer wieder zu, damit das Blut stehenbleibt.« Einen Moment später hörte die Blutung auf. (Durch Hypnose und Selbsthypnose kann man in gewissem Umfang die Weite der Arterien beeinflussen und auf diese Weise Blutungen stoppen.)

Wenn Hypnoseanästhesie von einem Hypnotiseur durchgeführt wird, kann vollständige Schmerzfreiheit, ja totale Empfindungslosigkeit, zum Beispiel bei Meniskus-, Blinddarm- oder Tumor-Operationen oder bei Geburten, erreicht werden. Gelegentlich wird das in Krankenhäusern heute schon angewandt, insbesondere bei Menschen, die allergisch auf Betäubungsmittel reagieren.

Einige Tage später las ich in einer Fachzeitschrift einen Aufsatz über Erfahrungen von Folteropfern aus der Türkei, die, während sie in Gefängnissen auf brutale Weise mißhandelt wurden, spontan ihren Körper verließen und ihre Peiniger innerlich auslachten, weil sie keinen Schmerz verspürten. Dies erlebten Menschen, die sich noch niemals mit Hypnose, Meditation oder ähnlichem beschäftigt hatten. Offenbar sind solche Fähigkeiten in jedem von uns angelegt, um in extremen Situationen in Tätigkeit zu treten.

Die Carotis-Methode

Eines Abends, als ich nach Hause kam, fand ich auf meinem Anrufbeantworter eine Nachricht von meinem Freund und Kollegen Gerhard Schütz. Er sprühte vor Begeisterung, was bei ihm, wenn es um Hypnose geht, keine Seltenheit ist. »Mensch«, sagte er »ich habe eine neue Hypnosemethode entdeckt, sie funktioniert phänomenal. Die Kinder haben mir gezeigt, wie das geht.« Er hatte Laura, seine Tochter, gerade von der Schule abgeholt, und da stand mitten auf dem Schulhof ein kleiner Junge, vielleicht acht Jahre alt, und ein Mädchen im selben Alter stand vor ihm. Der Junge ging in die Hocke, dann stand er auf, holte dabei tief Luft und hielt die Luft an. Das Mädchen drückte mit dem Daumen eine Stelle an seinem Hals, und der Junge fiel um, seine Augen verdrehten sich, er zuckte für eine Weile und war vollkommen weggetreten. »Das ist die Carotis-Methode«, sagte Gerd, »die man nicht benutzen soll, weil sie gefährlich ist. Und die Kinder machen das auf dem Schulhof.« Gerd hatte den Kindern eingeschärft, das nicht wieder zu tun, und sich sogar mit ihren Eltern in Verbindung gesetzt, die er zufällig kannte. Wir aber konnten einem Versuch nicht widerstehen. »Ich habe mir genau beschreiben lassen, wie es funktioniert«, sagte Gerhard.

Am nächsten Tag legte Gerhard in seinem Wohnzimmer eine Decke und ein Kissen auf den Fußboden. »Damit du weich fällst«, sagte er. Er gab mir genaue Anweisungen. Ich ging in die Hocke und fixierte das Schlüsselloch an der Flurtür. Nach einer Weile sagte er zu mir: »Wenn ich dich gleich mit meiner Hand an der Schulter berühre, atme tief ein und stehe auf.« Ich tat es. Als ich stand, war mir etwas schwindelig. Er stellte sich vor mich hin, schaute mir mit seinem geübten Hypnoseblick in die Augen und drückte gleichzeitig auf eine bestimmte Weise, die ich hier nicht beschreiben möchte, auf den Plexus Carotis am Hals, der den Blutdruck und die Durchblutung des Gehirns regelt.

Er sagte eindringlich zu mir: »Dein Körper wird steif. Er kippt nach hinten.« Mir wurde noch schwindeliger, ich fühlte mich irgendwie schwach. Es war ein Gefühl, als ob Gerhard Macht über mich habe. War es das Schwindelgefühl, der starre Blick, die verbale Suggestion oder der Druck mit seinem Finger? Ich wußte es nicht, jedenfalls kippte ich nach hinten. Gerhard fing mich auf und legte mich auf den Boden. Mir wurde noch schwindeliger, ich erlebte so etwas wie einen lustvollen Rausch. In diesem Moment war ich etwas weggetreten und sehr empfänglich für alle Suggestionen, die Gerhard mir geben würde. Er sagte zu mir: »Nachdem du aufgewacht bist, wirst du das unwiderstehliche Bedürfnis spüren, das Fenster zu öffnen.« Als ich nach einigen Minuten wieder wach war, ging ich hin, machte das Fenster auf und dachte dabei ungefähr: »Na gut, wenn er es unbedingt will, dann mache ich es eben.« Ich hatte das Gefühl, es freiwillig zu tun, »weil es Gerd so wichtig war«, aber in Wirklichkeit unterlag ich einer posthypnotischen Suggestion.

Der ganze Zauber mit In-die-Hocke-Gehen, Atmen, Aufstehen, Drücken und Umfallen dient eigentlich nur dazu, das Bewußtsein außer Kontrolle zu bringen, damit die nachfolgenden Suggestionen leichter das Unbewußte erreichen können.

Die Carotis-Methode bringt durch Veränderungen in der Gehirndurchblutung die Ich-Kontrolle aus dem Gleichgewicht und gehört daher zu den schnellsten und effektivsten Techniken der Hypnoseeinleitung.

Sie ist allerdings tatsächlich gefährlich, weil sie bei Herzkranken, Epileptikern oder Menschen mit latenten Psychosen in bestimmten Fällen die entsprechende Störung zum Ausbruch bringen kann. Sehr selten sollen auch Fälle von zeitweiligem Atemstillstand beobachtet worden sein. Es empfiehlt sich also tatsächlich nicht, diese Methode anzuwenden (schon gar nicht unter Kindern). Ich habe deshalb in meiner Beschreibung einige Details verändert und andere ausgelassen, so daß die Technik nicht nachgeahmt werden kann.

Wanderungen in der Traumwelt

Das Abschlußseminar meiner Ausbildung in ericksonianischer Hypnosetherapie wurde geleitet von Ernest Rossi, der ursprünglich jungianischer Psychoanalytiker war.

Ernest bat einen Teilnehmer aus der Gruppe, sich neben ihn zu setzen. Es handelte sich um einen jungen Arzt, der eine psychosomatische Klinik leitete – ich will ihn einmal Thomas nennen. Er litt unter einer Analfistel, einer entzündeten Öffnung im Bereich des Afterschließmuskels. Die Fistel war schon weit in die Anusmuskulatur eingedrungen. Thomas hatte unentwegt heftige Schmerzen, vor allem beim Sitzen. Er war vor einer Weile bei einem Internisten gewesen, der ihm zu einer Operation geraten hatte und gleichzeitig auf die Gefahr hinwies, daß der Schließmuskel nach der Operation nicht mehr richtig funktionieren könne.

Rossi bat Thomas, die Hände im Abstand von etwa zwanzig Zentimetern in Brusthöhe vor sich zu halten. Er suggerierte ihm, er würde zwischen seinen Händen eine Art Ball aus Energie wahrnehmen. Dann sagte er: »Wenn dein Unbewußtes der Meinung ist, daß es jetzt angemessen ist, dich mit der Fistel zu befassen, dann kannst du eine Annäherung deiner Hände spüren, als ob sich die Hände von selbst aufeinander zubewegen, als ob der Energieball schrumpft. Wenn es ein anderes, noch wichtigeres Thema gibt, mit dem du dich beschäftigen sollst, dann kannst du eine Abstoßung zwischen deinen Händen erleben, als ob der Ball sich ausdehnt. Wenn dagegen dein Unbewußtes noch eine Weile braucht, um sich darüber klarzuwerden, was der nächste wichtige Schritt ist, dann können deine Hände eine ganze Weile lang in der gegenwärtigen Haltung verharren.«

Diese Suggestion war eine hypnogene Mehrfachbindung, ein sehr wirkungsvolles Muster aus dem Fundus der Ericksonschen Sprachformen. Sämtliche möglichen Verhaltensweisen wurden durch diese Suggestion abgedeckt und eingebunden. Egal, ob die Hände sich annäherten, auseinandergingen oder blieben, wie sie waren, es war in jedem Fall im Sinne der Suggestion und führte in eine Trance hinein. Einer Mehrfachbindung kann man sich kaum entziehen. Dennoch ist eine solche Form der Suggestion sanft und erlaubend und gibt kaum einen Anlaß für Widerstand.

Thomas' Hände begannen relativ schnell, sich aufeinander zuzubewegen. Die Bewegung geschah sehr langsam, mit kleinen Rucken, und dauerte etwa zwei bis drei Minuten. Rossi suggerierte, daß Thomas, wenn seine Hände einander berührten, in eine tiefe Trance fallen würde. Als sich die Finger berührten, wurde Thomas am ganzen Körper etwas steifer, er schien in einen tieferen Trancezustand hineinzugleiten. Seine Hände schwebten unbeweglich vor ihm in der Luft. Rossi hatte auf sehr einfache Weise eine hypnotische Katalepsie (Starrezustand) erzeugt. Nun suggerierte er: »Du kannst dich überraschen lassen, welche deiner beiden Hände jetzt beginnen wird, sich langsam, wie von selbst zu senken. Wenn diese Hand beginnt, sich zu senken, kann dein Unbewußtes in deinem Geist Erinnerungen vorüberziehen lassen, die für den Prozeß der Entstehung der Fistel bedeutsam sind.«

Prompt fing die linke Hand an, sich zu senken. Die Bewegung dauerte wiederum etwa drei bis vier Minuten. Thomas wirkte dabei wie im Traum. Wenn man sehr genau hinschaute, konnte man feststellen, daß sich unter seinen geschlossenen Augenlidern die Augäpfel bewegten. Er sah innere Bilder, er befand sich in einem hypnoiden Traum. Wenn Thomas etwas benannte, was ihn emotional berührte, suggerierte Rossi ihm, tiefer in diese Gefühle hineinzugehen. Dieser Prozeß wirkte wunderbar einfach und sanft.

Nach einer Weile sagte Thomas: »Da ist Schmerz.« Weiterhin in Trance, berichtete er von ziemlich brutalen Schlägen mit einem Stock auf den Po, die er als Kind fast täglich von seinem Vater erhielt. Rossi forderte ihn suggestiv auf, tiefer in ein emotionales Wiedererleben der damaligen Situation hineinzugehen: »Laß dich das jetzt voll und ganz und überall spüren.« Es ging in diesem Erleben nicht nur um körperlichen Schmerz, sondern auch um Gefühle von Demütigung, Hilflosigkeit und Wut seinem Vater gegenüber.

Plötzlich sprang Thomas blitzschnell von seinem Stuhl hoch. (Später sagte er, es sei ein Gefühl gewesen, als habe er auf einer heißen Herdplatte gesessen.) Der Schmerz in der Analregion wurde in Verbindung mit seinen Erinnerungen überwältigend. Thomas fühlte eine massive Wut gegen seinen Vater, der ihn »immer gezwungen hatte, den Arsch zusammenzukneifen«, wie er sagte. Rossi forderte ihn auf, sich »in die Kraft hineinzuspüren, die in der Wut steckt«. Er solle sich mit ihr vollsaugen, damit er sie zur Verfügung habe, wann immer er sie brauche. Danach führte er Thomas langsam aus der Trance wieder zurück ins Alltagsbewußtsein.

Thomas berichtete einige Stunden später, er habe zum ersten Mal seit Monaten fast keine Schmerzen in der Analregion. Natürlich war die Fistel noch nicht geheilt, aber die Sitzung hatte ihn in Kontakt mit den unter dem Schmerz liegenden Wutgefühlen gebracht, was sich offenbar positiv auf seine Befindlichkeit auswirkte.

Die Technik, die Rossi gezeigt hatte, nannte er »Hypnokatharsis« (Durchleben abgewehrter Gefühle in Hypnose). Ich war davon so begeistert, daß ich sie sofort bei nahezu allen meinen Klienten anwandte. Es wird dabei nichts inhaltlich suggeriert, und man respektiert jeden Widerstand, indem man ihm einfach folgt. Wenn der Klient »in den Kopf« geht, folgt der Therapeut ihm in den Kopf. Wenn der Klient einem wichtigen Thema ausweicht, folgt der Therapeut ihm in das Ausweichen hinein. Niemals fühlt sich der Klient gedrängt oder manipuliert, er kann seiner eigenen inneren Dynamik folgen, die ihn unweigerlich an die wichtigen

Stellen heranführt. Er wird vom Therapeuten unterstützt, immer tiefer in seine Gefühle hineinzugehen, um am Ende das unter dem Trauma verborgene Reservoir an Lebensenergie aufzunehmen und in seinem Alltag umzusetzen.

Vielen meiner Klienten, die in ihrem Therapieprozeß für einige Zeit auf der Stelle getreten waren, gelang es mit dieser Methode, durch ihre Blockierung hindurchzufinden und weiterzukommen. Für mich zeigte dies, daß das weiche Wasser den harten Stein besiegen kann, daß sanfte Methoden am besten geeignet sind, mit starken Widerständen umzugehen.

Mit Rossis hypnokathartischer Methode, die von der Grundstruktur her so bestechend einfach ist, kann man an jedes Problem therapeutisch herangehen. Ich habe damit Prüfungsängste bearbeitet, Fälle von sexuellem Mißbrauch, Migräne, Beziehungsstörungen, Depressionen, Ängste, Erektionsstörungen, Einsamkeitsgefühle, Entscheidungsschwierigkeiten und psychosomatische Störungen. Auch heute noch ist die Rossi-Methode in einer für meinen persönlichen Stil adaptierten Form eine meiner wichtigsten und am häufigsten benutzten therapeutischen Arbeitsweisen (vgl. Eberwein 1993).

Was man in Hypnose erleben kann

In den folgenden Abschnitten möchte ich die wichtigsten hypnotischen Phänomene im Zusammenhang mit den ihnen entsprechenden Alltagserfahrungen beschreiben. Für jedes Phänomen werde ich typische Zugangstechniken und einige Beispiele beschreiben, wie sie in der Psychotherapie angewandt werden.

Entgegen eines verbreiteten Vorurteils sind die Phänomene einer hypnotischen Trance keineswegs nur durch Hypnose zu bewirken. Trance ist eine Alltagserfahrung, die jeder Mensch kennt und bereits häufig gemacht hat. Jeder Mensch war schon oft in Trance, ja sogar in Tieftrance, aber in der Regel ohne es zu bemerken oder es als einen hypnotischen Zustand zu identifizieren.

Selbst die auf den ersten Blick am ungewöhnlichsten erscheinenden hypnotischen Phänomene wie Erinnerungsverlust und Schmerzausschaltung gehen auf Fähigkeiten zurück, die jeder Mensch hat. Der Hypnotiseur spricht durch seine Suggestionen diese Fähigkeiten an, aktiviert sie und verwendet sie für den von ihm angezielten Zusammenhang.

Die bekannteste und am häufigsten erlebte tiefhypnotische Alltagserfahrung ist die sogenannte »Autobahnhypnose«. Durch die Monotonie einer längeren Autobahnfahrt, das einschläfernde Brummen und die Vibrationen des Motors sowie durch die hypnotische Gleichförmigkeit der Straßenmarkierungen geraten Autofahrer manchmal unmerklich in Trance. Sie können beschleunigen, bremsen, den Blinker setzen, überholen, schalten und Schilder beachten – trotzdem sind sie »nicht bei sich« und können sich hinterher nicht mehr daran erinnern, wo sie eigentlich die letzten zwanzig Minuten gewesen sind. Sie befanden sich in einer hypnotischen Tieftrance mit spontaner Amnesie! Erstaunlicherweise fährt man in einem solchen Zustand oft sehr vorsichtig und rücksichtsvoll, in der Regel etwas langsamer als normal, insgesamt aber eher besser, als wenn man wach gewesen wäre. Während der Autobahnhypnose schläft der Fahrer also nicht, sondern ist in der Lage, sich realitätsangemessen zu verhalten. Wenn der Fahrer allerdings sehr müde ist, kann die Autobahnhypnose in Schlaf übergehen, und dann wird es natürlich gefährlich.

Bei allen hypnotischen Phänomenen verselbständigen sich unbewußte Prozesse und beeinflussen Erleben und Handeln. Dasselbe geschieht bei einer neurotischen oder psychotischen Störung. In einer Neurose (z.B. einer Depression, einer psychosomatischen Störung oder einem Angstzustand) hat sich ein Inhalt des Unbewußten (ein abgewehrtes Gefühl oder eine unterdrückte Körperreaktion) verselbständigt und über die Bewußtseinskontrolle in das Erleben hineingeschoben. Ein Depressiver hat über seine diffuse Traurigkeit keine Kontrolle, bei einem Asthma-Patienten verkrampfen sich die Bronchien, ein Angstneurotiker ist unkontrollierten Panikgefühlen ausgeliefert. In einer Psychose überflutet unbewußtes Material das Bewußtsein, und das Ich verabschiedet sich zeitweilig oder für immer. Psychotiker sind dauerhaft und ohne daß sie oder andere diesen Zustand ohne weiteres beenden könnten in einem veränderten Bewußtseinszustand, in einer Art Dauertrance. Man könnte daher sowohl neurotische als auch psychotische Symptome als Auswirkungen eines negativen Trancezustandes verstehen. Ich werde deshalb für jedes der folgenden hypnotischen Phänomene beispielhaft ein Störungssyndrom beschreiben, das diesem Trancephänomen entspricht.

Vergessen

Eines der seltsamsten Phänomene der Hypnose ist die Amnesie. Erstaunlich oft ist es möglich, einem Hypnotisierten zu suggerieren, daß er nach dem Erwachen aus der Trance bestimmte Anteile seines Tranceerlebens, die ganze Trance oder Inhalte, an die er sich im Wachzustand normalerweise mühelos erinnern kann (z.B. seine eigene Telefonnummer), vergessen soll. Auch posthypnotische Suggestionen, die während der Trance gegeben und nach der Trance ausgeführt werden, können mit Amnesie belegt werden. Der Hypnotiseur kann beispielsweise in der Hypnose sagen: »Nach dem Erwachen wird Ihr rechter Arm genauso steif und unbeweglich bleiben, wie er jetzt ist. ... Sie werden vollkommen vergessen haben, daß ich das zu Ihnen gesagt habe.« Selbst diese einfache und direktive Suggestion führt bei einigen Hypnotisanten bereits dazu, daß die posthypnotische Suggestion vergessen und dennoch ausgeführt wird. Der Hypnotisant erwacht aus der Trance mit einem steifen Arm, ohne zu wissen, warum sein Arm steif ist.

Mag das suggestiv erzeugbare Vergessen auch ein faszinierender Effekt sein, so ist das Phänomen des Vergessens an sich natürlich ein Erlebnis, das jeder Mensch kennt. Von den vielen Milliarden Sinneseindrücken, die in jeder Minute auf uns einströmen, verschwinden die meisten nach kurzer Zeit wieder aus unserem Gewahrsein. Das Vergessen ist keineswegs eine Unvollkommenheit unseres Gedächtnisses, sondern eine nützliche Fähigkeit, die uns in die Lage versetzt, Wichtiges in unserem Geist präsent zu halten und Unwichtiges hinauszubefördern. Wenn wir diese Fähigkeit nicht hätten, würde unser Gedächtnis in kürzester Zeit überlaufen wie die überbeanspruchte Festplatte eines Computers.

Insbesondere das Vergessen schmerzhafter Erlebnisse ist eine Fähigkeit, die unsere psychische Gesundheit stabilisiert. Menschen, die nicht in der Lage sind, Erlebnisse, die sie sehr verletzt haben, zu vergessen oder zumindest in den Hintergrund ihres Gewahrseins treten zu lassen, werden jahrelang von diesen Erlebnissen verfolgt und können davon wie besessen sein. Wer schon einmal einer nahestehenden Person etwas nicht verzeihen konnte, weiß, wie bedrückend es sein kann, wenn man etwas nicht »zu den Akten legen« kann.

Manchmal hat man das Gefühl, daß eine vergessene Erinnerung »irgendwo noch ist«, obwohl sie sich im Moment nicht greifen läßt. Sicherlich haben Sie schon einmal vergessen, wo Sie Ihr Auto abgestellt haben. Der Autoschlüssel hängt am Schlüsselbrett, es ist vielleicht erst einige Stunden her, dennoch können Sie sich beim besten Willen nicht erinnern, wo das Auto steht. Sie haben aber das Gefühl, daß sie es »irgendwo« doch noch wissen. Jeder Mensch kennt das Gefühl, daß ihm der Name eines entfernten Verwandten oder Bekannten »auf der Zunge liegt«, man sich aber gerade nicht an ihn erinnern kann.

In der Therapie wird Amnesie vor allem dazu benutzt, Suggestionen, denen der Klient zwar im Prinzip zustimmt, die aber voraussichtlich auf Widerstände in seinem Bewußtsein stoßen werden, zu »versiegeln«. Wenn sich beispielsweise ein Klient das Rauchen abgewöhnen möchte, dann gibt es in seinem Geist auch Kräfte, die sich der Entwöhnung entgegenstellen. Würde der Hypnotiseur einfach nur suggerieren: »Sie rauchen ab heute nicht mehr«, dann würden sich schon in Trance und erst recht im anschließenden Wachzustand Einwände melden: » ... das schaffst du nie, ... das hast du doch schon so oft versucht, ... vielleicht noch eine einzige Zigarette am Tag, ...« Wenn die Suggestion jedoch mit Amnesie belegt wird, dann werden solche Einwände gar nicht erst herausgefordert, denn der Hypnotisierte kann sich nicht daran erinnern, überhaupt eine Suggestion gegen das Rauchen erhalten zu haben.

Ein klassischer, direktiv arbeitender Hypnotiseur gibt dem Patienten zuerst eine Suggestion und trägt ihm dann auf, diese zwar auszuführen, aber zu vergessen. Sehr empfängliche Personen können auf diese Weise bereits Amnesie entwickeln, aber die meisten Menschen haben damit Schwierigkeiten, weil die direkte Darbietung die Suggestion erst einmal im Geist verankert und es deshalb schwerfällt, sie hernach zu vergessen. Die Erzeugung von Amnesie gehört daher zu einer der Domänen der indirekten Methode. Es fällt viel leichter, eine Suggestion zu vergessen, wenn man von vornherein gar nicht mitbekommen hat, daß man sie überhaupt erhalten hat.

Eine der effektivsten indirekten Techniken der Amnesieerzeugung ist die Einbettungstechnik. In eine in Trance erzählte Geschichte werden die hypnotischen Suggestionen beiläufig eingestreut. Die Suggestionen sind jedoch scheinbar gar nicht auf den Hypnotisanten bezogen, sondern Teil der Handlung der erzählten Geschichte. So erzählte Milton Erickson einem jungen Gärtner, der Krebs im Endstadium hatte, eine lange Geschichte über Tomatenpflanzen und bettete in diese Geschichte Formulierungen ein wie: » ... die Samen von Tomatenpflanzen können ruhen, in der Erde, ... wo sie sich sehr wohl fühlen können, ... sie können träumen von schöneren Zeiten ...« und so weiter. Auf dieselbe Weise lassen sich nicht nur einzelne Worte oder Formulierungen, sondern ganze Geschichten in Rahmengeschichten einbetten. Auch mehrfach ineinander verschachtelte Geschichten sind möglich.

(Die Technik der mehrfach eingebetteten Metaphern wurde von Stephen Lankton, einem der Schüler von Erickson, zu einem komplexen und effektiven System weiterentwickelt, vgl. Lit.verz.) Auch ohne daß Amnesie ausdrücklich suggeriert wird, ist die Wahrscheinlichkeit hoch, daß der Hypnotisand die eingebetteten Geschichten vergißt. Die eingebettete Suggestion kann dann jenseits der Bewußtseinsschwelle im Unbewußten des Klienten ihre Wirkung entfalten.

Wenn nicht nur banale, alltägliche Ereignisse aus dem Gedächtnis verschwinden, sondern auch Erlebnisse, die von starker emotionaler Erregung begleitet wurden, wird der Prozeß des Vergessens zu einer Störung, die mit einer Leidensempfindung einhergeht. Insbesondere trifft dies zu bei emotionalen Verletzungen, Kränkungen, Invasions- oder Mangelerlebnissen in der frühen Kindheit. Die betreffenden Ereignisse können aufgrund ihrer emotionalen Ladung nicht einfach aus dem Gedächtnis gelöscht werden. Sie werden mitsamt den beteiligten Emotionen ins Unbewußte verlagert, also verdrängt. Die Energie der Gefühle verschwindet jedoch nicht einfach, sondern arbeitet im Unbewußten weiter und wird umgewandelt in Symptome oder Persönlichkeitsstörungen. Solche verdrängten Erinnerungen und Gefühle können durch Hypnose wieder bewußtgemacht werden. Die Methode der Bewußtmachung abgewehrter Gefühle und Erinnerungen in Trance nennt man Hypnoanalyse. Die wichtigste Vertreterin dieser Methode ist die Amerikanerin Erika Fromm.

Erinnern

Eine meiner Klientinnen kam zur Therapie wegen massiver Kontaktängste und gewalttätiger Phantasien ihrer dreijährigen Tochter gegenüber. Sie selbst war das ungewollte Kind einer chronischen Alkoholikerin und eines gewalttätigen, kriminellen Vaters. Im Laufe ihrer Therapie erinnerte sie sich in Trance an eine Vielzahl von Situationen aus ihrer frühen Kindheit, in denen sie sich »psychisch vernichtet« fühlte. Wenn sie als Kind von ihrer Mutter angezogen wurde, erlebte sie deren mechanische und angewiderte Berührungen und bei ihrem Vater den flackernden, wie wahnsinnigen Blick, direkt bevor er sie schlug. Je mehr ihr in der Therapie deutlich wurde, auf wen sich ihre Ängste vor Gewalt und Ablehnung sowie ihre Racheimpulse eigentlich bezogen (nämlich weder auf ihre Freunde und Bekannten noch auf ihre Tochter, sondern vor allem auf ihren Vater), und je mehr sie ihre Wut, Trauer und ihren Schmerz über ihre verlorene Kindheit in der Therapie durchleben und ausdrücken konnte, um so freier wurde sie von diesen Gefühlen in ihrem gegenwärtigen Leben. Durch das Erinnern und Wiederbeleben fanden ihre Gefühle zu dem Ort zurück, an den sie eigentlich gehörten, und konnten therapeutisch durchgearbeitet werden.

Das der Amnesie entgegengesetzte Phänomen, die suggestive Verstärkung des Gedächtnisses (Hypermnesie) aktiviert ebenfalls auf hypnotischem Wege eine Fähigkeit, die jedem von uns aus dem alltäglichen Leben gut bekannt ist. So berichten alte Menschen oft, daß sie zwar Schwierigkeiten hätten, sich zu merken, daß sie heute abend ihre Tochter anrufen wollten, daß aber mit zunehmendem Alter Erinnerungen aus ihrer frühesten Kindheit wieder zugänglich werden, die sie jahrzehntelang vergessen hatten. Manchmal stimulieren bestimmte Schlüsselreize solche alten Erinnerungen. Mir fiel beispielsweise kürzlich beim Lesen eines Kriminalromans, in dem ein bestimmtes Stoffmuster beschrieben wurde, der Name einer Mitschülerin wieder ein, die im ersten Schuljahr neben mir gesessen hatte. Ich erinnerte mich nicht nur genau an den Klang ihrer Stimme, sondern hatte ein fast fotografisches Bild ihres Lächelns vor Augen (das ich als Kind ziemlich beeindruckend fand). Ich konnte genau sehen, welche Frisur sie trug, sah das Muster ihres Kleides, die Hausnummer ihres Wohnhauses und sogar die Pfeife ihres Vaters, die er rauchte, als ich die Familie einmal besuchte. An dieses Mädchen hatte ich über 30 Jahre lang nicht mehr gedacht, dennoch waren diese Einzelheiten all die Jahre hindurch gespeichert gewesen.

Ein anderes Beispiel: Wenn mir ein Name oder eine Telefonnummer entfallen ist, dann weiß ich aus Erfahrung, daß es wenig Sinn hat, krampfhaft zu versuchen, mich daran zu erinnern. Die Wahrscheinlichkeit, daß die Erinnerung wieder auftaucht, ist wesentlich höher, wenn ich meinem Unbewußten innerlich den Auftrag gebe, auf die Suche zu gehen, während ich mich entspanne und für eine Weile gar nicht mehr daran denke. Oft taucht die Telefonnummer dann in Form eines blitzartigen Einfalls wieder auf, während ich mit etwas völlig anderem beschäftigt bin. Wenn man das Gedächtnis also durch einen autosuggestiven Auftrag veranlaßt, eine vergessene Erinnerung wieder zugänglich zu machen, und es für eine Weile autonom arbeiten läßt, dann hat das nicht selten den gewünschten Erfolg.

In der ericksonianischen Hypnose gibt es eine Vielfalt von Techniken, um Zugang zu latenten, verdrängten oder vergessenen Gedächtnisinhalten zu finden. Eine der effektivsten Methoden ist die sogenannte Zeitlinienarbeit. Die Zeitlinie ist eine gedachte Linie im Raum, die die persönliche Lebenszeit des Klienten repräsentiert, also seine Vergangenheit, Gegenwart und Zukunft. Der Klient wird in Trance versetzt und ihm suggeriert, er würde über seinem Körper schweben und unter sich (als Straße, Weg oder ähnliches) seine Lebenszeitlinie sehen. Nun werde er sich auf dieser Linie nach hinten, in die Vergangenheit bewegen, bis er zu jenem Ereignis in seiner Kindheit komme, das seinem gegenwärtigen Problem zugrunde liege.

Emotional belastende Erinnerungen lassen sich leichter erinnern, wenn man das Geschehnis wie von außen (dissoziiert) sieht, während die Emotionen zunächst abgespalten bleiben. Der Therapeut kann daher suggerieren, daß der Klient »dort unten, auf der Zeitlinie« einen »Vergangenheitsfilm« von jener Situation sieht, in der er das Trauma erlebt hat, während das Ich des Klienten in dem entspannten Gleichmut des Trancezustandes über der Zeitlinie schwebt. Die notwendige Integration der beteiligten Gefühle kann dann in einem zweiten Schritt geschehen. Diese Methode hat sich vor allem für die Bearbeitung schwerer Traumatisierungen gut bewährt.

Eine andere für die Wiederbelebung von Erinnerungen oft verwandte Technik ist die hypnoprojektive Arbeit. Der Therapeut suggeriert dem Klienten beispielsweise, in seinen Händen befinde sich eine Kristallkugel, in der er zunächst nur Lichtreflexe oder Nebel sehen könne, die jedoch langsam beginnen würden, sich zu lichten, um beispielsweise Ereignisse aus der Kindheit sichtbar zu machen. Dem gleichen Zweck dienen eine suggerierte Kinoleinwand oder Bilder, die in suggerierten Wolken oder Nebeln erscheinen.

In Trance können Erinnerungen wesentlich schneller, detaillierter und lebendiger zugänglich werden, als wenn der Klient bewußt versucht, sich zu erinnern. Auch gänzlich vergessene Ereignisse lassen sich wieder »heraufholen«. (Auf die Frage, ob die hypnotisch wiederbelebten Erinnerungen immer voll und ganz den realen Ereignissen entsprechen, gehe ich später ein.)

Der Zugang zu Erinnerungen ist im therapeutischen Prozeß insbesondere als Unterstützung für die aufdeckende, analytische Arbeit hilfreich, denn die Entstehung der Probleme kann auf diese Weise erforscht, ihr lebensgeschichtlicher Zusammenhang verstanden und bearbeitet werden. Mit hypnotischer Hypermnesie läßt sich auch Zugang zu Fähigkeiten gewinnen, die dem Klienten bei seinen aktuellen Problemen helfen können. So kann es beispielsweise für jemanden mit einer Selbstbehauptungsproblematik förderlich sein, wenn er sich daran erinnert, daß er vor Jahren einmal erfolgreich in der Lage war, einer Autoritätsperson selbstbewußt gegenüberzutreten. Wenn der Klient sich in allen Einzelheiten daran erinnert, wie er das damals gemacht hat und wie er sich dabei gefühlt hat, kann er diese Erfahrung nutzen und lernen, es heute wieder zu tun.

Das unkontrollierte Hochkommen vergessener Erinnerungen kann jedoch auch Bestandteil einer psychischen Störung sein, wenn es zu einer Überflutung mit emotionalem Material oder zu einer dauernden Fixierung an lange zurückliegende Ereignisse führt. So werden zum Beispiel Frauen, die sich als Erwachsene erstmals an Mißbrauchserlebnisse in ihrer Kindheit erinnern, oft von den Erinnerungen an diese Ereignisse und den damit verbundenen Gefühlen überschwemmt. Sie sind für Monate oder Jahre pausenlos davon in Anspruch genommen und können kaum an etwas anderes denken. Auch wenn man von einer geliebten Person unerwartet verlassen wird, kann dies zu einer dauerhaften Fixierung an diese Person führen. Der Verlassene verfällt in eine Depression, er denkt pausenlos an den anderen und sehnt sich nach ihm, selbst wenn diese Sehnsucht unrealistisch ist. In diesen Fällen ist die ständige Wiederbelebung von Erinnerungen und der damit verbundenen Gefühle in einen neurotischen Wiederholungsmechanismus eingebunden.

Verknüpfen

Unter Hypnose können psychische Zustände, Wahrnehmungen oder Verhaltensweisen mit einem Auslösereiz verknüpft werden. Man spricht dann von einem Anker oder einem Signalreiz. Ankerungsprozesse geschehen im Alltag pausenlos, in der Regel unbewußt. Der russische Physiologe Pawlow fand schon in den zwanziger Jahren heraus, daß es möglich ist, bei Tieren die Tätigkeit der Verdauungsdrüsen mit einem Signalreiz zu verknüpfen. In seinem inzwischen klassischen Experiment wurde einem Hund ein Stück Fleisch vor die Nase gehalten, daraufhin vermehrte sich dessen Speichelsekretion im Maul, und sein Magen sonderte verstärkt Verdauungssäfte ab, was durch eine spezielle Vorrichtung gemessen wurde. Pawlow verband den Fleischgeruch mit einem Glockensignal, indem er zuerst eine Glocke anschlug und kurz danach den Hund am Fleisch schnuppern ließ. War dies mehrmals geschehen, so sonderte der Hund schon beim Klang der Glocke Speichel und Magensaft ab, als ob er den Geruch von Fleisch wahrgenommen hätte. Der Hund hatte einen bedingten Reflex entwickelt. Für ihn war der Sinneseindruck des Fleischgeruchs an das Glockensignal gebunden (geankert).

Ankerungsprozesse liegen vor, wenn sich unsere Speicheldrüsen im Mund zusammenziehen, weil wir sehen, daß jemand in eine Zitronenscheibe beißt, oder wenn uns das Wasser im Mund zusammenläuft, weil jemand von einem leckeren Essen erzählt. Der optische Eindruck bzw. die verbale Beschreibung allein bringt unseren Speichel zum Fließen. Ähnlich ist es, wenn wir den Duft eines Parfums oder Rasierwassers riechen und dabei in eine romantische Stimmung geraten, weil der Duft uns an eine geliebte Person erinnert.

Ein Element der auslösenden Situation (Glockenton, Duft) kann also die gesamte emotionale Gestimmtheit mit allen körperlichen Begleiterscheinungen wieder auslösen, die in der Ursprungssituation vorhanden war. Eine Klientin, die einmal von einem aggressiven Bullterrier angegriffen und erheblich verletzt wurde, behielt für Jahre eine intensive Angst vor allen Hunden, vor allen knurrenden Geräuschen und allen schnellen Bewegungen in Kniehöhe zurück. Der Anblick eines Hundes, die Bewegung, das

Geräusch waren unbewußt aus der Ursprungssituation herausgelöst und als Warnsignal für alle zukünftigen Situationen verallgemeinert worden. Ihr Unbewußtes hatte sich sozusagen gemerkt, daß eine schnell auf sie zukommende Bewegung in Kniehöhe Gefahr signalisierte, und sie reagierte darauf mit heftigem Erschrecken, selbst wenn es sich nur um ein Kind auf einem Dreirad handelte. Sie hatte eine Angstsymptomatik, eine Phobie entwickelt.

Ein anderer Klient, der vor Jahren einen traumatischen, selbst verursachten Verkehrsunfall erlebt hatte, bei dem beide Eltern getötet wurden, geriet jedesmal in Panikzustände, wenn er versuchte, in einem Auto zu fahren. Für ihn war das Schockerlebnis des Unfalls an »Autofahren überhaupt« gebunden und konnte davon erst durch hypnotische Therapie wieder gelöst werden.

In der Hypnotherapie erzeugt man gezielt produktive Ankerungsprozesse, um latente Kraftquellen zu mobilisieren und auf Problemsituationen anzuwenden, oder um psychische Anteile miteinander in Dialog zu bringen. Ich benutze in der Therapie häufig farbige Hula-Hoop-Reifen, um verschiedene Befindlichkeiten des Klienten am Boden des Therapieraumes zu verankern. Ein Klient, der Schwierigkeiten hatte, seiner Freundin mitzuteilen, daß er sie nicht mehr liebe, und sich von ihr trennen wolle, wählte einen roten Ring für sich selbst und einen blauen Ring für seine Partnerin. Wenn er in den roten Ring hineinging, konnte er sich in sich selbst in die Problemsituation hineinversetzen. Danach stieg er in den blauen Ring, um sich in seine Freundin einzufühlen. Er ging mehrmals zwischen den beiden Bodenankern hin und her, um eine Art der Vermittlung zu entwickeln, mit der er seine Freundin möglichst wenig kränkte. Als er dabei ins Stocken kam, half ich ihm, weitere Bodenanker für Kräfte zu benutzen, die ihn unterstützen konnten. In einen gelben Plastikring stellte er einen Felsen, der ihm Kraft und Stabilität verlieh. Ein grüner Ring repräsentierte einen alten Schulfreund, der die ausgeprägte Fähigkeit hatte, sich auch in schwierigen Situationen klar, aber respektvoll auszudrükken. Der Klient fühlte sich in die Stabilität und Festigkeit des Felsens ein, die er anschließend mit in seinen roten Ring »hineinnahm«. Anschließend versetzte er sich in dem grünen Ring in die Fähigkeit seines Schulfreundes. Obwohl der Klient mit offenen Augen im Raum umherging, und obwohl ich keine formelle

Tranceinduktion anwandte, agierte er in einer anderen, imaginierten Welt. Er befand sich in einem nicht-alltäglichen Bewußtseinszustand, also in Trance, und zwar tief genug, um therapeutisch wirksame psychische Verlagerungen zu ermöglichen.

Auf eine ähnliche Weise kann einem Klienten suggeriert werden, in seiner geöffneten linken Hand läge ein Symbol für sein Problem, während in der rechten Hand ein Symbol für eine Kraftquelle visualisiert wird. Anschließend bewegt der Klient seine rechte Hand auf die linke zu und vereinigt die Ressource mit dem Problem.

Hypnotherapeuten benutzen auch Berührungen oder subtile Stimmveränderungen zum Ankern. Der Therapeut kann den Klienten, während er in einer tiefen Trance ist, zum Beispiel mehrmals an der Schulter berühren. Der Klient wird bewußt oder unbewußt diese Berührung mit dem Trancezustand verbinden, was es dem Therapeuten ermöglicht, die Berührung das nächste Mal zum schnelleren Herbeiführen einer Trance zu benutzen.

Von einem akustischen Anker sprechen wir, wenn der Therapeut zur Hervorhebung von eingebetteten Suggestionen seine Stimme verändert, zum Beispiel tiefer und weicher werden läßt. So können in einer in Hypnose erzählten Geschichte bestimmte Formulierungen für das Unbewußte markiert werden. (Beispiel: » ... und die Prinzessin sagte zu dem Frosch: ›Jetzt zeige, wer du bist als Mann!‹...«.) Die mit Stimmveränderungen markierten Worte wirken als Suggestionen, ohne daß der Klient dies bewußt bemerken muß. Er hört lediglich die Geschichte und erfaßt nur deren allgemeine Bedeutung, während die markierten Worte direkt ins Unbewußte gehen.

Unbewußte Bewegungen

Schauen Sie sich auf einem Videofilm einmal mit Einzelbildschaltung die Großaufnahme eines Gesichts an. Sie werden erstaunt sein, wie stark sich der Gesichtsausdruck eines Menschen von Sekunde zu Sekunde verändert. Gedankliche und emotionale Prozesse drücken sich immer körperlich aus – ganz gleich, ob wir dies bewußt wahrnehmen oder nicht: Wenn wir nachdenken, runzeln wir die Stirn. Wenn wir nervös sind, trommeln wir mit den Fingern auf die Tischplatte oder schauen unruhig umher. Wenn wir deprimiert sind, lassen wir die Schultern hängen.

Erickson, der sich jahrzehntelang darin geschult hatte, winzige körperliche Ausdrucksbewegungen wahrzunehmen und zu deuten, benutzte diese Fähigkeit bisweilen, um mit einem Patienten ein diagnostisches Gespräch zu führen, ohne daß dieser es bemerkte. Er zählte innerhalb eines längeren Monologs die verschiedensten Probleme auf, derentwegen er bereits Patienten behandelt hatte (z.B.: » ... einige Patienten kommen wegen Depressionen ... oder Ängsten, ... andere wegen psychosomatischer Störungen, ... wieder andere haben Beziehungsprobleme ... «). Bei bestimmten Problembereichen bemerkte er eine mehr oder weniger deutliche körperliche Reaktion bei dem Patienten: Vielleicht war es ein leichtes Erröten, ein fast unsichtbares zustimmendes Nicken oder ein kurzes Heben der Augenbrauen. Diese Signale machten für Erickson deutlich, daß er auf der richtigen Spur war. Wenn er etwa bei dem Stichwort »Beziehungsprobleme« eine körperliche Reaktion erhalten hatte, zählte er eine Menge von Beziehungsproblemen auf, die er im Laufe seiner Praxis schon erlebt hatte. Wenn er dann bei dem Stichwort »sexuelle Störungen« eine Reaktion erhielt, konkretisierte er seinen Monolog auf sexuelle Störungen und zählte verschiedene Formen derselben auf.

Auf diese Weise gelang es Erickson, schrittweise immer genauer herauszufinden, wo bei einem Patienten »der Hase im Pfeffer lag«. Einige seiner Schüler versuchten Erickson davon zu überzeugen, daß er telepathische Fähigkeiten habe. Erickson wurde nicht müde, diesen Vermutungen entgegenzutreten, indem er seine Methode genau beschrieb und hervorhob, daß es sich lediglich um das Resultat genauer Beobachtung handelte.

Die meisten körperlichen Ausdrucksbewegungen verlaufen unbewußt. Selbst im Schlaf kann es vorkommen, daß sich ein emotional aufrührender Traum in Mimik, Bewegungen oder gesprochenen Worten ausdrückt. Schon bei Babys kann man beobachten, daß sie im Schlaf mit den Fingern zucken oder mit dem Mund Saugbewegungen machen. Auch Tiere bewegen sich gelegentlich im Schlaf, als ob sie laufen oder jagen würden, was wahrscheinlich bedeutet, daß sie träumen. Typisch für den tranceähnlichen Übergang vom Wachzustand zum Schlaf ist das Zucken einzelner Körperteile, weil das Traumerleben bereits begonnen hat, die Abkoppelung der psychischen Prozesse vom Bewegungsapparat aber noch nicht vollständig vollzogen ist. Man träumt, daß man ein Glas auffängt, das von einem Tisch herunterfällt, und dabei zuckt der rechte Arm nach oben. Unwillkürliche Bewegungen dieser Art macht man sich in der Hypnotherapie zunutze.

Man kann beispielsweise einem Klienten suggerieren, daß sich einer seiner beiden Arme von selbst um so höher erheben werde, je tiefer der Klient in Trance versinke. Auf diese Weise bekommt der Therapeut eine präzise Rückmeldung. Während der Klient in leichteren Trancezuständen in der Regel noch das Gefühl hat, die suggerierte Bewegung unter Kontrolle zu haben, ist er auf einer tieferen Ebene nicht mehr in der Lage, sie willentlich zu verhindern oder anzuhalten.

Viele Hypnotherapeuten arbeiten mit Ja-Nein-Fingersignalen als Kommunikationskanal mit dem Unbewußten des Patienten. Ein Meister darin ist der vierundachtzigjährige ehemalige Gynäkologe David Cheek (vgl. Lit.verz.). Der Hypnotiseur suggeriert dem Patienten beispielsweise, wenn sein Unbewußtes auf eine Frage mit »Ja« antworten wolle, dann würde sich sein Zeigefinger heben. Sei die Antwort »Nein«, so werde sich der Mittelfinger heben. Wenn das Unbewußte die Antwort nicht wisse oder nicht antworten wolle, so werde sich der Daumen bewegen. Auf diese Weise lassen sich dem Unbewußten des Patienten Fragen nach der Ursache seines Problems oder nach Bewältigungsmöglichkeiten stellen, während sein Bewußtsein die Antwort oft gar nicht oder nur zum Teil mitbekommt.

Eine andere Form der ideomotorischen Aktivität ist das automatische Schreiben oder Malen. Dem Klienten wird suggeriert, daß seine Hand, die auf einem Blatt Papier aufliegt und einen Stift hält, sich wie von selbst bewegen werde, während er in Gedanken mit anderen Dingen beschäftigt sei oder in tiefe Trance versinke. Aus der zunächst ziellosen Bewegung des Stiftes auf dem Papier, so wird weiter suggeriert, entwickelten sich nach einiger Zeit Formen, die zu einer Zeichnung oder zu geschriebenen Buchstaben und Worten würden. So können Botschaften des Unbewußten zu Papier gebracht werden, obwohl sich der Klient nach der Trance in der Regel nicht oder nicht vollständig daran erinnern kann, was er gemalt oder geschrieben hat.

Außerhalb von Therapieprozessen kann sich auch ideomotorische Aktivität zur neurotischen Störung entwickeln. Beispielsweise gibt es Menschen, die nicht in der Lage sind, bestimmte Körperbewegungen zu verhindern oder unter Kontrolle zu halten. In diesem Fall spricht man von einem Tic. Leichtere Tics wie das unwillkürliche Zucken von Muskeln an den Augenlidern treten gelegentlich auf, wenn man nervös oder überarbeitet ist. Schwerere, komplexe Tics der Mimik oder der Bewegungsmuskulatur können quälend sein und den Patienten zeitweise völlig beherrschen.

Anderswo jemand anders sein

Als Kind, wenn Mama oder Papa uns abends beim Einschlafen eine Geschichte erzählten, waren wir mit einem Teil unseres Bewußtseins in unserem Bett, während ein anderer Bewußtseinsanteil sich in der erzählten Handlung befand, so, als ob wir sie gerade in diesem Moment erlebten. Ein Kind, das gerade die Sendung mit der Maus, Pippi Langstrumpf oder Familie Feuerstein anschaut, lebt geistig völlig gebannt in der Handlung und ist von außen kaum ansprechbar. Ähnliches geschieht, wenn sich das Kind beim Spielen gerade in Luke Skywalker oder in eine wunderschöne Fee verwandelt hat. Das Kind sieht in seiner Phantasie die Umgebung seiner Spielhandlung auf fast halluzinatorische Weise. Einem Kind fällt es leicht, sich schnell in eine phantasierte Umgebung oder Person hinein- und wieder herauszuversetzen. Bei Erwachsenen finden wir diese Fähigkeit beim Anschauen von spannenden Kinofilmen und in Tagträumen, in denen man die

Filmhandlung bzw. das Tagtraumerlebnis fast so lebendig erlebt, als ob man hier und jetzt mittendrin sei. Man spricht in diesem Fall von einer »raumzeitlichen Pseudoorientierung«.

Eine dauerhafte Pseudoorientierung, die krankhaften Charakter hat, finden wir bei der Schizophrenie. Als ich kurz nach meinem Studium in einer psychiatrischen Großklinik arbeitete, traf ich einen vierundzwanzigjährigen Mann, der während seines schizophrenen Schubs geglaubt hatte, er sei ein IRA-Kämpfer und er müsse das Berliner Olympiastadion vor englischen Truppen verteidigen. Ein zweiundsechzigjähriger Obdachloser glaubte, er sei ein Milliardär, der es nicht nötig habe, eine U-Bahn-Fahrkarte zu bezahlen. Andere Patienten redeten in unbekannten Sprachen mit Göttern und Geistern oder fühlten sich verfolgt von wilden Tieren. Schizophrene sind in eine andere Wirklichkeit eingetaucht, aus der sie nicht mehr in ihr normales Ich zurückfinden.

In der Hypnotherapie wird eine vorübergehende raumzeitliche Pseudoorientierung dazu benutzt, um den Klienten in die Zeit nach der Therapie zu versetzen, damit er sich anschaut, wie er die in der Therapie entwickelten Fähigkeiten und Erfahrungen in seinem alltäglichen Leben umsetzen kann. Eine andere Möglichkeit ist es, den Klienten in Trance an einen phantasierten Ort zu bringen und dort das Auftauchen von symbolischen Äußerungen des Unbewußten zu suggerieren. Beispielsweise führt man den Klienten an einen »Ort der Heilung«, den er sich lebendig ausmalen kann. An diesem Ort, so wird suggeriert, befinde sich ein tiefer, magischer Brunnen. (Der Brunnen ist ein uraltes, archetypisches Symbol für den Zugang zum schöpferischen Unbewußten.) Dem Klienten wird suggeriert, daß aus dem Brunnen etwas emporsteige, das ihm einen wichtigen Hinweis geben könne. Die aufsteigenden Botschaften sind oft sehr beeindruckend. Sie können entweder direkt in praktisches Handeln umgesetzt oder analytisch gedeutet werden.

Die raumzeitliche Pseudoorientierung kann in der Therapie auch dazu dienen, den Klienten aus seiner Identifizierung mit einem problematischen Zustand herauszulösen, zum Beispiel um akutes Schmerzempfinden während einer Operation zu beseitigen oder ihn von seiner Fixierung an nutzloses Nachgrübeln über ein Problem zu befreien.

Hypnotische Träume

Jede Nacht, wenn wir träumen, sind wir in die Traumhandlung eingebunden und können uns an unser waches Leben in der Regel nicht erinnern. Vieles weist darauf hin, daß man sich im Traum wesentlich besser an frühere Träume erinnern kann als im Wachzustand. Sind wir wach, können wir uns dagegen nur bruchstückhaft an das Traumgeschehen erinnern.

Suggerierte Träume in Hypnose sind ein Spezialfall der Veränderung der raumzeitlichen Orientierung. Manchmal suggeriert ein Hypnotherapeut dem Klienten, daß er während der Sitzung oder in der folgenden Nacht einen Traum zu einem bestimmten Thema haben werde und sich danach genau daran erinnern könne. Dieser Traum kann dann vom Therapeuten durch verschiedene Methoden (Gestalttechniken oder analytische Arbeit) gedeutet und bearbeitet werden. Eine andere Möglichkeit besteht darin, den Klienten hypnotisch in eine allgemeine Phantasieszenerie hineinzuführen. Dort können dann entweder Antworten des Unbewußten auf konkrete Fragen suggeriert werden, oder der Klient wird ermuntert, seiner Phantasie freien Lauf zu lassen, um die daraus entstehenden Handlungen anschließend analytisch zu deuten.

Zum Kind werden

In Hypnose – aber nicht nur dort – ist man in der Lage, sich in ein früheres Lebensalter hineinzuversetzen. Wer schon einmal eine Gruppe angejährter Damen vom Lande beobachtet hat, die nach dem Genuß von einigen Gläsern Eierlikör durch die Hauptstraße der nächstgelegenen Großstadt flanieren, der weiß, daß man keinen Jungbrunnen braucht, um vorübergehend fünfzig Jahre jünger zu werden. Ähnlich ergeht es Vätern, die ihren Söhnen zu Weihnachten ein Modellflugzeug, einen Computer oder einen Chemiekasten geschenkt haben und dann ständig selbst damit herumspielen. Manche Menschen werden im Urlaub am Strand um zwanzig Jahre jünger, oder sie fühlen sich wieder wie ein Kind, wenn sie auf dem Rummelplatz Autoscooter oder Achterbahn fahren.

Das Eintauchen in kindliche Gefühle und Verhaltensweisen wird in der Psychotherapie als Altersregression bezeichnet – und kann auch unangenehme Gestalt annehmen: Wer zum Beispiel gerade von einem Ehepartner oder Vorgesetzten verbal angegriffen wird und dabei innerlich zusammenschrumpft, fühlt sich möglicherweise wieder wie ein Kind, das von Papa oder Mama zur Schnecke gemacht wird. Altersregression entwickelt sich zur neurotischen Störung, wenn ein Mensch in bestimmten Situationen ständig und ohne daß er etwas dagegen tun kann auf eine kindliche Entwicklungsstufe zurückfällt.

Eine meiner Klientinnen fühlte sich immer, wenn ihr langjähriger Freund sie auf eine erotische Weise streicheln wollte, wie ein kleines Mädchen von drei Jahren. Damals erschien ihr erwachsene Sexualität als etwas Fremdes, das ihr von außen übergestülpt wurde und was sie als Gewalt und etwas Ekelhaftes empfand. Sie wurde als kleines Mädchen oft von ihrem Vater betatscht, und er brachte sie mehrmals dazu, ihn zu masturbieren. Durch dieses Erlebnis war ihre sexuelle Entwicklung behindert worden. Ich nutzte die Arbeit mit hypnotischer Altersregression, um mit ihr in ihre Kindheit zu gehen, damit sie ihre Verwirrung, ihren Zorn und ihre Verzweiflung ihrem Vater gegenüber verarbeiten konnte. Die erlebten Verletzungen konnten natürlich nicht ungeschehen gemacht werden. Ein hypnotisches Löschen dieser Geschehnisse aus ihrem Gedächtnis wäre einer Verdrängung gleichgekommen, die nur neue Störungen nach sich gezogen hätte. Sinnvoller war es, ihr durch hypnotische Altersregression zu helfen, die nicht gelebten Gefühle im nachhinein zu integrieren, die subjektive Bedeutung des Erlebten und vor allem die daraus gezogenen Schlußfolgerungen und Generalisierungen zu überprüfen und zu verändern.

Man kann die hypnotische Altersregression auch benutzen, um den Patienten ganz allgemein beim Erlernen neuer Inhalte und Fähigkeiten zu unterstützen, denn nie waren wir so neugierig, lerneifrig und begierig, die Welt zu verstehen, wie als Kind.

Ein zweites Ich haben

In der Hypnosetherapie haben Dissoziationsprozesse eine zentrale Bedeutung. Allgemein versteht man unter Dissoziation die Trennung, Aufspaltung oder Teilung des Selbst. Psychische Anteile, die normalerweise eine Einheit bilden, können sich unter bestimmten Umständen voneinander trennen und eigenständig nebeneinander existieren. Die Fähigkeit zur Dissoziation ermöglicht es uns beispielsweise, verschiedene Denk-, Anschauungs- oder Erlebnisweisen in unserer Innenwelt gleichzeitig präsent zu halten. Wir können uns in den Standpunkt eines anderen Menschen hineinfühlen, der nicht unbedingt unserer Meinung ist, ohne unseren eigenen Standpunkt aufzugeben. Beziehungskonflikte lassen sich oft nur dadurch lösen, daß jeder der Beteiligten lernt, den anderen zu verstehen, selbst dann, wenn die andere Person ganz anders denkt und fühlt. Man kann durch Dissoziation zwischen der eigenen Erlebensweise und der des Partners hin- und hergehen. Der eigene Standpunkt und der des Partners bilden dann zwei Subsysteme im Bewußtsein, mit denen man sich nacheinander identifizieren kann.

Auch in besonders peinlichen oder kränkenden Situationen kann es geschehen, daß man plötzlich neben sich selbst steht und von außen beobachtet, wie man sich gerade blamiert oder verletzt wird. Auch hier hat man sich vorübergehend in zwei Standpunkte oder »Ichs« aufgeteilt.

Wenn unterschiedliche Persönlichkeitsanteile im Innern nicht nur vorübergehend, sondern dauerhaft nebeneinander existieren und so stark voneinander getrennt sind, daß sie nichts mehr voneinander wissen, dann liegt eine psychische Störung vor, die als multiple Persönlichkeit bezeichnet wird. Ein Mensch mit einer solchen Störung ist unterteilt in verschiedene Teilpersönlichkeiten, die eigene Namen, Ansichten, Gefühle, Eigenheiten, Vorlieben, Abneigungen, Fähigkeiten und Schwierigkeiten, ja sogar eigene psychosomatische Störungen, Allergien und Brillenstärken haben können. Auch in einer Schizophrenie, insbesondere in der paranoiden Form, kann das Ich in mehrere Teile gespalten sein, die unabhängig voneinander ein Eigenleben führen oder zeitlich versetzt in den Vordergrund treten und sich mitunter heftig bekämpfen.

Eine vorübergehende, therapeutische Dissoziation des Ich wird in der Hypnotherapie beispielsweise dazu benutzt, es dem Klienten zu ermöglichen, sich voll und ganz in eine kraftspendende Erfahrung hineinzuversetzen. Bei einer meiner Klientinnen, die sich überangepaßt, aggressionsgehemmt und energetisch gebremst fühlte, tauchte im Laufe eines hypnotischen Traums eine Hexe auf, ein Symbol ihres unangepaßten, hemmungslosen Persönlichkeitsanteils. Die Hexe bewachte eine dicke Eisentür in einem unterirdischen Gang, hinter der sich »eine leuchtende, strahlende Kraft« verbarg. Ich half der Klientin, sich in die Hexe hineinzuversetzen. Als Hexe sagte sie zu ihrem gehemmten Ich: »Hier kommst du nur durch, wenn du verrückt bist.« Die Klientin meinte im nachhinein, es sei ihr in Trance völlig klar gewesen, daß »verrückt sein« in diesem Zusammenhang nicht bedeutete, in eine Psychose zu gehen, sondern daß sie ihren spielerischen, kreativen, kindlichen Persönlichkeitsanteilen im Alltag mehr Raum einräumen sollte. In ihrem gebremsten Ich wußte die Klientin nicht, wie sie Zugang zu ihrer spielerischen Energie gewinnen konnte. Dieser Zugang war ihr wie durch eine magische Tür versperrt. Identifiziert mit der »Wächterin des Durchgangs«, der Hexe, wußte sie genau, was sie tun mußte, um sich mit dieser Energie zu verbinden.

Eine andere in der Hypnotherapie oft benutzte Anwendung der Dissoziation ist die Etablierung eines neutralen Standpunktes, einer »Meta-Position«. Der neutrale Standpunkt dient dazu, sich »die Dinge von außen anzuschauen«, ohne in die beteiligten Gefühle verwickelt zu sein. Ein Klient mit starken Kontaktängsten begab sich in Trance mental aus sich selbst heraus, um sich von außen zu betrachten und sich ein Bild davon zu machen, wie er auf andere wirkte, welche Konflikte und Herausforderungen er vermied und was er als Hilfe bei diesem Problem brauchte. Zur Unterstützung fand er aus der »Meta-Position« heraus einen Marienkäfer, der ihn ermutigte, »seinen liebevollen Gefühlen zu folgen«. Er gewann einen symbolischen Zugang zu einem verborgenen inneren Wissen, was ihm in der folgenden Zeit bei der Bewältigung seines Problems half.

Die Dissoziation vom Körper hilft manchmal auch, das mentale Körperbild zu verändern. Beispielsweise kann ein Klient, der sich dauernd klein, verängstigt und zusammengezogen fühlt, unter

Anleitung des Therapeuten aus seinem Körper heraustreten und eine mentale Repräsentation seines Körpers vor sich stehen sehen. Diesen »Mentalkörper« kann er umformen, ihn zum Beispiel größer, stabiler oder kräftiger werden lassen und sich dann mental wieder in ihn hineinversetzen. Die Arbeit mit dem mentalen Körperbild (Eberwein/Schütz 1996) kann sehr schnell die emotionale Befindlichkeit des Klienten verändern. Sie läßt sich auch anwenden, um jemanden zur Einleitung einer Anästhesie ganz aus seinem Körper herauszulösen.

All das kann sich entweder in der Innenwelt eines unbewegt dasitzenden Klienten abspielen, oder aber der Klient bewegt sich ähnlich wie in einem Rollenspiel von einem Kissen, Plastikring oder Stuhl zum anderen. Auch in letzterem Fall kann er so weit in den Dialog der betreffenden Teile einbezogen sein, daß sich von einem hypnoiden Trancezustand sprechen läßt.

Körperteile mit Eigenleben

Sind Sie schon einmal nachts aufgewacht und haben die Berührung einer kalten Hand gespürt, die aus unerfindlichen Gründen in Ihrem Bett herumlag, und erst nach einigem Erschrecken und Gruseln bemerkt, daß es sich um Ihren eigenen Arm handelte, der eingeschlafen und gefühllos geworden war? Problematischer ist es, wenn jemand aufgrund von schweren Kränkungen ein »Herz aus Eis« hat, das er nicht mehr fühlen kann, oder wenn ein Mensch aufgrund einer prüden und lustfeindlichen Erziehung seine Genitalregion als taub und unlebendig erlebt. Bei Empfindungen dieser Art handelt es sich um die Abspaltung von Körperregionen aus der Gesamtheit des Körperempfindens.

In der Hypnosetherapie wird die Dissoziation von Körperteilen dazu benutzt, um den Klienten beispielsweise durch einen noch nach der Trance starr nach oben ragenden Arm davon zu überzeugen, daß er tatsächlich in Trance gewesen ist, um die Wirkung der hypnotischen Suggestionen zu verstärken. Manche Hypnotherapeuten suggerieren chronischen Rauchern, daß ihr Arm selbständig und ohne Bewußtsein jede Zigarette oder Zigarettenschachtel, die er anfasse, sofort wieder weglegen müsse. Auch das kann zum Erfolg führen.

Schmerzfreiheit

Ich erinnere mich noch gut daran, wie ich vor einigen Jahren beim Wandern in den portugiesischen Bergen an einem Abhang auf einen Lavabrocken trat, der sich löste und mir von hinten über die Wade rollte. Er hinterließ eine Hautabschürfung, die etwa so groß war wie zwei Hände und stark blutete. Glücklicherweise stand unser Auto in der Nähe, so daß ich dorthin zurückhumpelte und die Wunde mit einer Flasche Mineralwasser abspülte. Danach pinselte ich die gesamte Fläche mit Jodtinktur ein, spürte dabei aber zu meiner Überraschung nicht den geringsten Schmerz. Die Wunde war bis zu einer Tiefe von etwa einem halben Zentimeter vollständig taub. Die Taubheit hielt den ganzen Tag über an, und erst am Abend, nach Rückkehr in die Pension, setzten heftige Schmerzen ein. Obwohl es sich um nichts Ernstes handelte, war mein Unbewußtes also offenbar in der Lage, meine Schmerzempfindungen spontan und nur auf eine bestimmte Körperregion begrenzt auszuschalten. Etwas Ähnliches passiert Kindern oft, wenn sie sich beim Spielen verletzen, aber so sehr mit ihrem Spiel beschäftigt sind, daß sie die Verletzung erst später bemerken.

Die Fähigkeit zur Abspaltung bestimmter Empfindungen kann, wenn sie in den Dienst neurotischer Abwehrprozesse tritt, zur hysterischen Taubheit bestimmter Körperpartien führen oder auch dazu, daß ein Mensch bei massivem Schlankheitswahn seine Hungergefühle nicht mehr wahrnehmen kann und magersüchtig wird.

Die Dissoziation von Empfindungen wird von Hypnotherapeuten benutzt, um vorübergehende Schmerzfreiheit beim Zahnarzt, für Operationen, während einer Geburt oder für schmerzhafte Untersuchungen (zum Beispiel Rückenmarkspunktionen) herzustellen. Auch chronische Schmerzen wie zum Beispiel bei Migräne, Verbrennungen, Ischias, Arthritis, Gicht oder Krebs können durch hypnosuggestive Dissoziation vermindert oder beseitigt werden. Erreichen läßt sich dies durch direktive Suggestion von Kälte und Taubheit, durch Ablenkung oder Abspaltung bzw. durch die bereits erwähnte Technik der raumzeitlichen Pseudoorientierung.

Sich erinnern ohne Gefühle

Normalerweise sind Erinnerungsbilder immer mit einem bestimmten emotionalen Erlebnisgehalt verbunden. Wenn wir uns an ein schönes Urlaubsgeschehen erinnern, erleben wir ein angenehmes Gefühl, das mit einer konkreten Erinnerung gekoppelt ist. Erinnern wir uns dagegen an eine Auseinandersetzung mit unserem Partner oder an eine Krankheit, können wir die damit verbundenen unangenehmen Gefühle spüren. Es ist jedoch auch möglich, Erinnerungen ohne Gefühle bzw. Gefühle aus der Vergangenheit ohne die dazugehörigen Erinnerungen zu erleben. Wenn ein Ereignis schon sehr lange zurückliegt, kann es geschehen, daß es sich zwar als Bild noch reproduzieren läßt, aber man sieht es vor dem geistigen Auge wie ein Foto oder einen Film, von denen man emotional nicht berührt wird. Umgekehrt ist es möglich, daß man morgens aufwacht und sich traurig oder deprimiert fühlt, während man abends beim Einschlafen noch recht guter Stimmung war. In diesem Fall kann es sich um eine anhaltende Gefühlsreaktion auf einen Traum handeln, an den man sich aber morgens nicht mehr erinnert.

Wenn negative Gefühle ohne erkennbaren Zusammenhang zu auslösenden Situationen überhand nehmen, kann es zu dauerhaften Depressionen oder Angstzuständen kommen. Der betreffende Mensch fühlt sich niedergeschlagen oder ängstlich, ohne zu wissen, woher diese Gefühle kommen. Im umgekehrten Fall wird ein Mensch von bestimmten Gedanken oder Erinnerungen beherrscht, obwohl keine besonders intensiven Gefühle damit verbunden zu sein scheinen – in diesem Falle spricht man von Zwangsgedanken.

In der Hypnosetherapie werden Erinnerungen manchmal absichtlich von ihrem emotionalen Gehalt getrennt, um es dem Klienten zu ermöglichen, Kontakt zu traumatischen Erinnerungen aufzunehmen, ohne daß er von seinen Gefühlen überflutet wird. Einer meiner Klienten hatte in Streßsituationen oft das zwingende Gefühl, zur rechten Seite hin aus seinem Kopf herausgezogen zu werden und sich in die Unendlichkeit zu verflüchtigen, was mit starken Ängsten verbunden war. Seine Assoziationen dazu führten ins Alter von sieben Jahren, als er einer neurologischen Untersuchung unterzogen worden war, die darin bestand, seine Gehirnkammern (Ventrikel) mit Luft zu füllen, um einen Röntgenkontrast für eine eventuelle Hirnerkrankung zu erhalten. Diese Untersuchungsmethode ist extrem schmerzhaft und wird selbst von Erwachsenen als nahezu unerträglich erlebt. Zudem fühlte sich der Klient als Kind von seinen Eltern verraten, die ihn nur dadurch ins Krankenhaus gebracht hatten, daß sie ihm vorspiegelten, daß es sich um eine völlig harmlose Angelegenheit handele.

Es wäre dem Klienten fast unmöglich gewesen, die damalige Situation zu erinnern, wenn er die beteiligten Gefühle sofort vollständig erlebt hätte. Ich half ihm daher, in der Phantasie ein Videogerät vor sich aufzubauen, so daß er die Tasten vor sich sehen konnte. Dann suggerierte ich ihm, daß sein Unbewußtes den Erinnerungsfilm nun ohne die beteiligten Gefühle auf dem Videogerät abspielen würde. Er könne den Film jederzeit ausschalten, anhalten, zurückspulen, Farbe und Ton herausdrehen, Bilder überspringen, die Einzelbildschaltung oder ein Standbild einstellen. So konnte er sich die Situation Stück für Stück zunächst ohne die beteiligten Gefühle anschauen. Da die damals erlebte Panik und Hilflosigkeit zur emotionalen Basis seiner Angstzustände gehörte, lernte der Klient in den folgenden Monaten in einem zweiten Schritt, diese Gefühle zu durchleben und zu integrieren. Und damit verschwanden seine Auflösungsängste.

Gefühle in ihrer vollen Intensität erleben

Das Gegenteil der Abtrennung von Erinnerungen von den damit verbundenen Gefühlen ist die Intensivierung des Gefühlserlebens in Trance. Wir alle kennen Situationen, in denen wir eine »dünne Haut« haben, in denen »unsere Nervenenden bloßliegen«, so daß wir auf bestimmte Reize überempfindlich reagieren. Auch nach einem Urlaub oder nach einer entspannenden Massage nimmt man die Umwelt oder den eigenen Körper oft intensiver wahr als vorher, dann aber positiv.

Neurotisch wird die Intensivierung von Gefühlen, wenn Menschen sich in Trauer, Angst oder Wut hineinsteigern, so daß diese Gefühle aus einem ursprünglich nebensächlichen Anlaß heraus immer stärker und schließlich fast überwältigend werden. Wenn ein Mensch sich dauerhaft in einem Zustand befindet, in dem Gefühle, Impulse, Bilder und Empfindungen aus seinem Innern ihn zu überfluten drohen, spricht man von einer Borderline-Störung, einer Abgrenzungsschwäche des Ich.

Die Intensivierung des Erlebens, genauer gesagt die Rückführung des Erlebens auf jene Intensität, die ihm ursprünglich innewohnte, wird hypnotherapeutisch benutzt, um Gefühle aus traumatischen Situationen wieder in das Bewußtsein zu integrieren – Gefühle, die so überwältigend und unaushaltbar waren, daß sie abgespalten (verdrängt, verschoben, verleugnet, projiziert, somatisiert) werden mußten. Wenn der Hypnotherapeut seinem Klienten hilft, die damaligen Gefühle in all ihrer Intensität und Ambivalenz vielleicht erstmals voll zu erleben, so nimmt er der neurotischen Störung die Grundlage. Im Laufe einer Heilungskrise, die nur Minuten, aber auch einige Wochen dauern kann, durchlebt der Klient die damals unerträgliche Situation emotional noch einmal, diesmal aber ohne seine neurotischen Abwehrmechanismen zu Hilfe zu nehmen.

Suggestionen nach der Trance
automatisch ausführen

Man kann einem Hypnotisierten Suggestionen geben, die er erst nach der Trance im Wachzustand ausführen soll. Wenn die Suggestion einfach genug ist, dem Werte- und Glaubenssystem des Hypnotisierten nicht grundsätzlich widerspricht und nicht zu weit in die Zukunft gerichtet ist, dann wird er sie oft (nicht immer) befolgen. Ob die posthypnotische Suggestion ausgeführt wird oder nicht, scheint nicht hauptsächlich davon abzuhängen, ob die Suggestion einer Amnesie unterliegt, oder ob der Hypnotisierte sich im Wachzustand an sie erinnern kann. Manchmal kann sich der Hypnotisierte in allen Einzelheiten an die posthypnotische Suggestion erinnern, führt sie aber dennoch exakt aus. Er hat vielleicht das Gefühl, lediglich dem Hypnotiseur einen Gefallen tun zu wollen, aber er kann nicht anders, als genau das zu tun. Wenn die posthypnotische Suggestion der Amnesie unterliegt, werden auf Befragen die seltsamsten Begründungen für das posthypnotische Verhalten genannt. Während einer Hypnoseshow, die ich mir einmal anschaute, suggerierte der Hypnotiseur einer Dame mittleren Alters, nach der Trance auf der Bühne einen Schirm aufzuspannen. Auf Nachfragen gab sie als Grund für ihr seltsames Verhalten an, daß sie sich von den hellen Scheinwerfern geblendet fühlte. Diese scheinrationalen Begründungen werden in der Hypnosetherapie als Rationalisierungen bezeichnet.

Posthypnotisches Verhalten in einem erweiterten Sinne liegt vor, wenn sich erwachsene Menschen noch nach Jahrzehnten gemäß den Zuschreibungen verhalten, die ihnen als Kind in empfänglichen Situationen oder durch vielfache Wiederholung von ihren Eltern eingegeben wurden: »Du bist einfach zu dumm, ... du bist faul und häßlich, ... du wirst nie einen Mann finden, ...« Typisch ist das Verhalten von Kindern, die mit Zuschreibungen kritisiert werden: »Immer mußt du deine Suppe verkleckern, ... dauernd zappelst du herum, ... ständig machst du etwas kaputt.« Wenn Sätze dieser Art oft wiederholt werden, wirken sie im Kind als Suggestionen. Das Kind identifiziert sich mit ihnen und führt sie folgsam aus, wodurch sich die Eltern veranlaßt sehen, die entsprechenden Sätze zu wiederholen und so fort.

Suggestive Zuschreibungen, die in existentiell bedeutsamen Situationen gegeben werden, zeigen oft eine sehr starke und langfristige Wirkung. Der Vater einer Bekannten von mir sprach vor über zwanzig Jahren auf seinem Sterbebett einen Fluch über seinen anwesenden zweitältesten Sohn aus. Dieser Sohn hatte ihn oft brüskiert, insbesondere durch eine Heirat, die der Vater nicht billigte. Die gesamte Familie, einschließlich des Sohnes, war wie vom Donner gerührt. Der Fluch übte auf den Mann im Zusammenhang mit der streng religiösen Atmosphäre in seiner Familie eine starke negative Wirkung aus. Er führte eine nicht enden wollende Serie von Unfällen, Krankheiten und persönlichen Mißgeschicken auf diesen Fluch zurück. Schließlich mußte er sich einer Therapie unterziehen, um sich von der Wirkung der väterlichen Zuschreibung (und überhaupt von seiner neurotischen Vaterbindung) distanzieren zu können.

Als pathologische Erscheinungsformen einer Posthypnose können auch die traumatischen Phobien angesehen werden. Eine meiner Klientinnen wurde im Alter von siebzehn Jahren beim

Trampen in Griechenland von einem fünfundzwanzig Jahre älteren Mann vergewaltigt. Dies geschah in einem Auto, in dem durch eine Kindersicherung alle Türen fest verschlossen waren. Die Klientin entwickelte daraufhin eine Angst vor engen Räumen, in denen die Türen geschlossen waren. Sie konnte nicht U-Bahn, Fahrstuhl und Zug fahren oder fliegen. Während der Vergewaltigung befand sie sich in einem veränderten Bewußtseinszustand (einem Schockhypnoid), und ihr Unbewußtes hatte das Trauma (das mit noch weiter zurückliegenden traumatischen Situationen zusammenhing) verewigt und auf alle engen Räume ausgedehnt.

Wenn ein Hypnotherapeut einem Klienten eine posthypnotische Suggestion geben möchte, die vergessen werden soll, dann kann er sie in die bereits erwähnten verschachtelten Geschichten oder Formulierungen einbetten und an ein unvermeidbares Verhalten des Klienten ankoppeln. Beispielsweise suggeriert er dem Klienten, daß er immer dann, wenn er morgens beim Zähneputzen in den Spiegel schaut, sich daran erinnert, daß er genügend Kraft hat, um sich gründlich auf eine Prüfung vorzubereiten. Er kann dem Klienten auch posthypnotisch auftragen, eine Lösung für ein bestimmtes Problem zu träumen, oder daß er in der nächsten Trance wesentlich schneller und tiefer in die Hypnose versinken wird als je zuvor.

Mein Freund und Kollege Gerhard Schütz trug einem sehr verstandesorientierten und emotional gehemmten fünfunddreißigjährigen Klienten in Trance auf, in der folgenden Nacht einen Traum zu träumen, der ihm eine neue Lebensperspektive eröffnen werde. Er solle direkt nach dem Traum aufwachen, einen Brief an seinen Therapeuten schreiben, diesen am nächsten Tag in den Briefkasten werfen und vergessen, was er geschrieben habe. Einige Tage später lag in Gerhards Briefkasten ein Brief von diesem Klienten ohne Anrede und Unterschrift mit folgendem Inhalt:

»Gut sein bei dem, was ich tue. Einsteigen und nicht untergehen. Freude. Unerschütterlichkeit in der Tiefe meiner Seele, wo nichts unbestimmt oder ungelöst bleibt. Ich gehe meinen Weg. Ich schreibe. Ich sitze und schreibe aus meiner Tiefe, aus meinem tiefsten Sein und erfahre mich. Ich baue. Ich baue mein Haus aus Stein, meinen Ursprung, mein Versinken in der Unendlichkeit, mein Auftauchen am Horizont. Ein Stern am nächtlichen Himmel. Weinen, Seligkeit, Liebe. Mich hinlegen, warm gebettet in unendlichem Frieden. Nichts muß getan werden. Alles geschützt, weil es geschehen muß. Wer bin ich schon, wenn nicht das, was immer war und immer sein wird.«

Der Klient wußte in der nächsten Sitzung zwar, daß er in der Nacht einen Brief geschrieben hatte, aber er konnte sich nicht mehr an den Inhalt erinnern. Gerhard versetzte den Klienten erneut in Trance und las ihm dann den Brief mehrmals extrem langsam vor, mit langen Pausen zwischen den einzelnen Worten. Auf diese Weise konnte der Klient die Botschaft seines Unbewußten integrieren, was sich posthypnotisch auf sein Alltagsleben positiv auswirkte.

Die »innere Stimme« hören

Jeder Mensch trägt eine Instanz in sich, die eine tiefere und umfassendere Orientierung bereithält als sein Bewußtsein. Es gibt Situationen, in denen man eine »innere Stimme« vernehmen kann, deren Hinweise vielleicht sehr weise sind, die aber nicht dem bewußten Denken entstammen. Es gibt Menschen, die einen »Riecher« dafür zu haben scheinen, ob ihr Partner sie betrügt oder wie sich die Aktienkurse entwickeln werden. Offenbar sind solche Menschen in der Lage, subtile Signale aus ihrer Umwelt aufzunehmen und zu deuten, die anderen gar nicht auffallen. In solchen Fällen sprechen wir von Intuition, manchmal auch von einem »sechsten Sinn«.

In der Hypnotherapie gibt es eine Reihe von Möglichkeiten, um Kontakt zu der »inneren Weisheit« aufzunehmen. Zunächst wird ein Symbol etabliert, das die Intuition des Klienten repräsentiert. Eine geläufige Technik dafür ist die Phantasiereise, in der der Klient zum Beispiel in einem fernen Land in die Hütte einer weisen alten Frau geführt wird, der er eine Frage stellen darf und die diese symbolisch beantwortet. Die Antwort der weisen Frau wird vom Hypnotiseur offengelassen: » ... du stellst der weisen alten Frau deine Frage, ... und hörst sie antworten, ... ganz deutlich, ... jetzt ... .« Auf diese Weise kann sich der Klient in Entscheidungssituationen Hilfe aus seinem Unbewußten holen oder Visionen für sein weiteres Leben entwickeln. Die Hinweise des inneren Selbst sind oft in einem tiefen Sinne wahr, aber in der Regel orakelhaft formuliert, so daß sie sich zwar sehr bedeutsam anfühlen, aber auf einer bewußten Ebene nicht voll verstanden werden können.

Aber auch das Hören einer inneren Stimme kann pathologisch werden, wenn die vermeintliche Stimme der inneren Weisheit ein schizophrenes Symptom oder Ausdruck eines paranoiden Wahns ist. Während meiner Tätigkeit in einer psychiatrischen Großklinik traf ich einen Mann in den späten Fünfzigern, der bereits seit über zwanzig Jahren in dieser Klinik untergebracht war. Er galt als schizophren und war besessen von religiösen Wahnvorstellungen. Eines Tages packte er mich am Ärmel und fragte mich: »Ist das wirklich wahr, daß Gott tot ist?« Er wirkte erschreckt, ja panisch entsetzt, als hätte er gerade eben erfahren, daß die Welt untergehen werde. Ich setzte mich zu ihm und versuchte ihn ein wenig zu beruhigen. Der Mann erzählte mir, daß seine »Wasserhahnstimme« (eine Stimme, die er immer hörte, wenn er den Wasserhahn aufdrehte) seit Wochen pausenlos auf ihn einredete und ihm sagte, daß Gott tot sei und daß bald eine Echse die Welt beherrschen werde. Er empfand diese Stimme als etwas Magisches, oft als bedrohlich, aber er hatte auch viel Vertrauen zu ihr, weil sie ihm häufiger Dinge sagte, die tatsächlich stimmten. Er hatte eine Äußerung seines Unbewußten nach außen projiziert und fühlte sich nun von seinem eigenen Inneren verfolgt.

Mit Anteilen der eigenen Persönlichkeit sprechen

Manchmal steht man vor einer Entscheidung, bei der sowohl für die eine als auch für die andere Seite vieles spricht, bei der sich die beiden Alternativen aber ausschließen. Wenn es sich bei dieser Entscheidung um etwas Existentielles handelt (z.B. den Wechsel des Berufes, die Entscheidung für oder gegen eine Beziehung, den Umzug in eine andere Stadt oder den Beginn einer Ausbildung), so kann es einem ergehen wie Buridans Esel, der zwischen zwei Heuhaufen verhungerte, weil er sich für keinen von beiden entscheiden konnte.

Konflikte dieser Art können sich bei manchen Menschen zu chronischen Ambivalenzzuständen auswachsen. Einer meiner Klienten, der unter einer Identitätsstörung litt, brauchte beim Einkaufen fünfzehn Minuten, um sich für eine von zwei Sorten Schokoladencreme zu entscheiden, weil er zwischen den beiden Sorten ständig hin- und hergezogen wurde. Eine Klientin war entschlossen, sich von ihrem Mann zu trennen, konnte ihm dies jedoch auch nach der fest getroffenen Entscheidung ein Jahr lang nicht mitteilen, weil sie glaubte, daß er völlig zusammenbrechen würde. Sie versuchte statt dessen, sich langsam aus der Beziehung herauszuschleichen. Die beiden, die seit Jahren in getrennten Wohnungen lebten, sahen sich schließlich nur noch alle 14 Tage, die gemeinsame Sexualität war längst erloschen, dennoch schien es der Klientin so, als ob ihr Partner weiterhin hundertprozentig an der Beziehung festhalte und eine Auflösung absolut nicht ertragen könne. Als sie schließlich, vorbereitet durch diverse Rollenspiele in der Therapie, ihrem Mann die Wahrheit unterbreitete, stellte sie zu ihrer Überraschung fest, daß dieser sich schon längst auf eine Trennung eingestellt und damit keine allzu großen Schwierigkeiten hatte. Daraufhin fiel die Klientin in ein abgrundtiefes Loch, war wochenlang völlig verzweifelt und hatte das Gefühl, diesen Mann niemals loslassen zu können. Sie war innerlich zerrissen zwischen einem Teil, der sich trennen wollte, und einem anderen Teil, der sich festklammerte, wobei der klammernde Teil für sie so bedrohlich war, daß sie ihn auf ihren Mann projiziert hatte. Nach seiner relativ nüchternen Reaktion fiel die Angst auf sie selbst zurück und überschwemmte sie.

Es gibt in der Hypnotherapie eine Reihe von Zugangstechniken, um miteinander in Konflikt liegende Persönlichkeitsanteile in einen konstruktiven Dialog zu bringen.

Eine Klientin von mir hatte seit Jahren immer wiederkehrende, heftige Kopfschmerzen. Ich versetzte sie in Trance und bat ihr Unbewußtes, ihr ein Symbol für jenen Teil ihrer Person zu zeigen, der für die Kopfschmerzen verantwortlich war. Sie erblickte in ihrer inneren Welt ein Küchenmesser, das in ihrem Hinterkopf steckte. Auf meinen Rat hin fragte sie in Trance das Messer, was es mit der Erzeugung der Kopfschmerzen eigentlich beabsichtige. Es dauerte eine Weile, bis das Messer der Klientin antwortete. Es sagte: »Heilen«. Eine solche Antwort mag zunächst unsinnig erscheinen. Wie könnte hinter Kopfschmerzen der Wunsch stecken, zu heilen? Für die Klientin jedoch machte diese Antwort sofort Sinn. Denn für sie waren nicht ihre Kopfschmerzen das eigentliche Problem, sondern ihre Tendenz, sich ständig zu überarbeiten. Auf diese Tendenz (ihr »Workaholic-Syndrom«, wie sie es nannte) wollten die Kopfschmerzen hinweisen – mit dem Ziel, die Klientin dazu zu bringen, sich ausreichend Ruhe zu gönnen.

Durch das weitere Gespräch mit dem Messer konnte die Klientin eine Beziehung zu den Kopfschmerzen herstellen, in der sie das Symptom nicht als Feind, sondern als Helfer ansehen konnte, der ihr signalisierte, wenn sie sich wieder einmal überarbeitete. Danach wurde mit dem für die Kopfschmerzen verantwortlichen Teil über einen anderen als den bisher gewählten Lösungsversuch verhandelt. Ich bat die Klientin, das Messer zu fragen, ob es nicht bereit wäre, künftig den direkten Weg zu wählen – nämlich, sie zu heilen. Das Messer stimmte zu, und wir konnten eine Reihe von praktischen Veränderungen herausarbeiten, die es dem Messer ermöglichten, auf das Erzeugen von Kopfschmerzen zu verzichten. Es forderte beispielsweise, die Klientin müsse ihre Ernährung umstellen. Sie dürfe abends vor dem Schlafengehen keine schweren Mahlzeiten mehr essen und solle sich außerdem morgens für die Fahrt zur Arbeit eine Viertelstunde mehr Zeit nehmen, damit sie sich nicht wie schon seit Jahren abhetzen müsse. Die Hinweise des verantwortlichen Teils waren also sehr konkret und präzise, obwohl die Klientin durch bewußtes Nachdenken vorher auf diese Lösungen nicht gekommen war.

Traumhaft denken und erleben

Das Denken und Verstehen in Trance folgt besonderen Formen, die häufig als »Trance-Logik« bezeichnet werden. In Trance erlebt der Hypnotisierte sie symbolisch, oft in Form von Bildern und beziehungs- und körperorientiert. Die Suggestionen des Hypnotiseurs setzen sich leicht in Vorstellungen um, die eine traumähnliche Qualität und Intensität haben können. Viele Hypnotisierte sind mit energetischen Körperprozessen beschäftigt, insbesondere wenn der Hypnotiseur dies suggeriert. Die besondere Beziehung zum Hypnotiseur spielt eine große Rolle für den Hypnotisierten: In Trance fühlt er sich dem Hypnotiseur oft auf eine magische, mystische Weise intensiv verbunden, wobei er den Hypnotiseur oft nicht mehr als reale Person wahrnimmt. Wenn ein Hypnotisierter gefragt wird: »Können Sie mir sagen, wie es Ihnen geht?«, dann wird er nicht selten einfach antworten: »Ja« oder mit dem Kopf nicken, weil er die Frage in ihrer Formulierung wörtlich nimmt und ihre konventionelle Bedeutung nicht versteht.

Einem Menschen in Trance bereitet es keinerlei Probleme, Suggestionen aufzunehmen, die als Paradoxien oder logische Widersprüche formuliert sind, und sie in Erleben übersetzen. Wenn der Hypnotiseur von einer »hellen Dunkelheit«, dem »Klang der Stille«, einer »kühlen Wärme« oder einem »quirligen Stillstand« spricht, so wird ein Hypnotisierter in der Regel nicht dagegen protestieren. Für ihn machen solche Formulierungen Sinn, er übersetzt sie in Erleben, ähnlich wie man im Wachzustand Gedichte versteht, die ja auch meistens nicht logisch formuliert sind. Die lyrische Sprache, die sich in Gedichten findet, ist mit dem Kopf nicht verstehbar, während sie für das Herz sehr viel Sinn macht. Versuchen Sie einmal, die Bedeutung folgender Zeilen logisch zu erfassen:

> *Über dem Nirgendssein spannt sich das Überall*
> *Wasser verbinden, was abgetrennt*
> *drängt ins verständige Sein,*
> *mischen in alles ein Element*
> *flüssigen Himmels hinein.*

(R. M. Rilke)

Verstandesmäßig kann man das nicht verstehen. Dennoch sprechen solche Zeilen das Innere an und wecken ein Gefühl von Sinnhaftigkeit. Bei einem Menschen in mittlerer Trance kann sich bei Worten dieser Art eine traumhafte Welt öffnen, und die Formulierungen setzen sich in seinem Innern in lebhafte Phantasien um.

Einem Hypnotisierten ist es möglich, auch solche Formulierungen in Erleben zu verwandeln, in denen verschiedene Sinneskanäle vermischt werden (sogenannte Synästhesien). Er kann sich zum Beispiel etwas unter einem »pastellrosa Brummen« vorstellen, obwohl diese Formulierung für das Wachbewußtsein keinen logischen Sinn macht. Die Bezeichnung »pastellrosa« benennt einen optischen Eindruck, während das Wort »Brummen« sich auf eine akustische Wahrnehmung bezieht. Ähnlich ist es logisch nicht verstehbar, wenn man von einem »bitteren Purpur«, dem »sanften Sirren eines Lichtstrahles«, einem »nach Algen duftenden Gesang« oder von einem »goldenen Hauch auf der Stirn« spricht. In all diesen Formulierungen werden Sinneskanäle miteinander vermischt, was für das wachbewußte Denken ebensowenig Sinn macht, wie Äpfel und Birnen miteinander zu multiplizieren. Formulierungen dieser Art entsprechen jedoch sehr gut dem traumartigen Erleben in Trance.

In Trance sieht die Welt nicht wohlgeordnet aus wie der Schreibtisch eines Finanzbeamten, sondern sie gleicht eher einem Gemälde von Dalí, einem Film von Fellini oder eben einem Traum. Unlogische Formulierungen, Widersprüche, Paradoxien und Synästhesien sind daher ganz besonders geeignet, um Trancezustände herbeizuführen. Vor allem bei Klienten, die zu starker rationaler Kontrolle oder zu Widerstand gegen Hypnose neigen, können Paradoxien und Synästhesien zur Tranceinduktion eingesetzt werden. Um solche Formulierungen überhaupt als sinnvoll aufnehmen zu können, muß man zumindest ein Stück weit aus dem Verstand heraus in eine traumhafte Innenwelt, also in Trance gehen. Der Hypnotiseur spricht Traumsprache, und der Klient geht in Trance, um ihn verstehen zu können.

Das trance-logische, traumhafte Denken ist (dann allerdings mit überwältigender Intensität) auch bei Menschen zu finden, die unter dem Einfluß von halluzinogenen Drogen (zum Beispiel LSD, Meskalin oder Extacy) stehen oder mit der Diagnose Schizophrenie in psychiatrischen Kliniken sitzen. Unter LSD und in einer Psychose ist das Denken weder systematisch noch der ständigen Korrektur durch die äußere Realität unterworfen, sondern folgt seiner eigenen Logik (dem Primärprozeß, wie die Analytiker sagen) – für Außenstehende oft unverständlich. Schizophrene sprechen in einer eigenen Sprache mit Formulierungen, deren Sinn nur sehr schwer erfaßt werden kann, und während eines LSD-Trips können die Stoffmuster einer Gardine eine überwältigende Bedeutung erlangen, die an die Lösung der letzten philosophischen Fragen der Menschheit heranreicht. Leider überstehen die gewonnenen Erkenntnisse meist die Übersetzung in den Wachzustand nicht.

Körperliche Prozesse beeinflussen

In unserem Körper arbeiten drei Nervensysteme nebeneinander: das Gehirn, das Rückenmark und das vegetative Nervensystem. Wenn wir einen Urlaub planen, Hunger haben oder sexuell erregt sind, dann spielt sich dies im Gehirn in Form von vernetzten hormonellen und nervlichen Prozessen ab. Der Kniesehnenreflex dagegen, der den Unterschenkel nach oben schnellen läßt, wenn ein Neurologe mit seinem Metallhämmerchen »anklopft«, wird im Rückenmark verschaltet.

Das vegetative Nervensystem ist zuständig für die Steuerung der Organfunktionen, zum Beispiel die Herzfrequenz und die Tätigkeit der Verdauungsorgane. Unser Immunsystem, das die Abwehr eingedrungener Krankheitskeime verantwortet, ist von der psychosomatischen Gestimmtheit des gesamten Organismus abhängig. Das Immunsystem eines depressiven Menschen kann sich weniger gut gegen eine Infektion zur Wehr setzen als das eines Menschen, der sich ausgeruht und kraftvoll fühlt. Auch der Menstruationszyklus bei Frauen ist von psychischen Stimmungen abhängig. Bei Anspannung oder Belastung kann es zur Verzögerung, zum Ausbleiben, verfrühten Einsetzen oder längeren Anhalten der Regelblutung kommen.

Wenn nicht nur momentane Gefühle körperlich zum Ausdruck kommen, sondern wenn sich ein unbewußter Gefühlsknoten körperlich zeigt, dann sprechen wir von einem psychosomatischen Symptom. Klassische psychosomatische Störungen sind die chronische Magenschleimhautentzündung (die oft auf Aggressionshemmungen zurückgeht) und die Neigung streßgeplagter Menschen zu hohem Blutdruck und zum Herzinfarkt.

In einem längeren Therapieprozeß kann oft beobachtet werden, wie psychische und körperliche Symptome einander abwechseln. Einer meiner Klienten hatte jahrelang abwechselnd Rükkenschmerzen und Depressionen, wobei er nur in jenen Zeiten depressiv war, in denen er keine Rückenschmerzen hatte, während der Rücken immer dann weh tat, wenn seine Stimmung gut war. Seine Depressionen waren zeitweise in verkrampften Muskeln im Kreuzbeinbereich eingeschlossen, was ihm Schmerzen bereitete. Sobald durch körpertherapeutische Arbeit die Muskulatur dort gelockert wurde, fühlte er sich zwar entspannter, aber manifest depressiv. Da es zunächst nicht gelang, die Depressivität an ihrer Wurzel zu bearbeiten, griff der Patient unbewußt immer wieder auf die Somatisierung zurück und kapselte die Depressionen in seine Rückenschmerzen ein. Erst als die Depression von Grund auf durchgearbeitet war, verschwanden mit ihr auch die körperlichen Beschwerden dauerhaft.

Die Fähigkeit des menschlichen Organismus, auf psychischem Wege Körperprozesse zu beeinflussen, macht sich das Autogene Training zunutze. Eine der Formeln des Autogenen Trainings lautet beispielsweise: »Das Sonnengeflecht ist strömend warm.« Mit dieser Autosuggestion kann der Übende über den Solarplexus (ein Nervengeflecht im Oberbauch) die Durchblutung und die Peristaltik der Verdauungsorgane beeinflussen, was sich als Gefühl von Wärme und Strömen in der Bauchgegend bemerkbar macht. Der amerikanische Radioonkologe Carl Simonton entwickelte ein erfolgreiches Programm zur psychischen Unterstützung bei der Krebsbehandlung, das mit aggressiven Vorstellungen arbeitet, um die Immunabwehr anzuregen. Zum Beispiel stellt man sich die weißen Blutkörperchen als Haifische vor, welche kranke Fische (die Krebszellen) auffressen.

Die Wirkung dieser selbsthypnotischen Visualisierungen ist um so stärker, je mehr Aggression dabei mobilisiert wird. Durch solche Vorstellungen kann das Immunsystem des Körpers angeregt und gekräftigt werden, was letztlich die Abwehr der Krebszellen fördert.

Unlängst habe ich mir beim Schlittschuhlaufen bei minus 18 Grad eine Augenbindehautentzündung geholt, die über mehrere Wochen zu Rötungen, Schwellungen und Jucken der Augen sowie zu leichtem Fieber und Schwindelgefühlen führte. Ich versuchte es mit einer selbsthypnotischen Behandlung nach der Simonton-Methode. Dabei stellte ich mir vor, die Viren säßen auf meinen Augenbindehäuten wie Blattläuse und saugten gierig an meinem Gewebe. Der Versuch, die Blattläuse eine nach der anderen von den Augenbindehäuten abzulesen, scheiterte in meiner Vorstellung ebenso, wie dieser Versuch bei einer von Blattläusen befallenen Pflanze mißlingen würde. Da mir die imaginierte Anwendung von Pflanzenschutzmitteln in meinen Augen unsympatisch war, mobilisierte ich innerlich so viel Aggression, wie ich nur konnte, und stellte mir vor, daß ich innerlich derart laut und schrill schrie, daß die Blattläuse augenblicklich vertrockneten, tot zu Boden fielen, sich in Staub auflösten und vom Wind davongetragen wurden. Nachdem ich mir dies zwei Tage hintereinander dreimal täglich für jeweils nur zwei Minuten vorgestellt hatte, verschwand die Bindehautentzündung vollständig.

Auf ähnliche Weise kann mit hypnotischen und selbsthypnotischen Methoden bei Verbrennungen oder Warzen gearbeitet werden. (Warzen sind eingekapselte Virusinfektionen, die medikamentös nicht zu behandeln sind. Sie sprechen oft erstaunlich gut auf suggestive und autosuggestive Methoden an.)

Körperliche Reaktionen
auf Fremdsubstanzen verändern

Bei der Behandlung von Krebs mit Zellgiften (Chemotherapie) kommt es zu schweren Nebenwirkungen wie Schwindel, Erbrechen und einem kaum erträglichen Gefühl der Leblosigkeit – was viele Patienten dazu bringt, die Behandlung abzubrechen, weil sie das Gefühl haben, daß die Folgen der Behandlung schlimmer seien als die Krankheit selbst. Durch hypnosuggestive Begleitung können die Auswirkungen der Chemotherapie oft so weit vermindert werden, daß der Patient in der Lage ist, sie über die notwendige Zeit hinweg zu tolerieren, und sogar seinen beruflichen und familiären Aufgaben relativ ungehindert nachgehen kann. Gleichzeitig läßt sich die Wirkung der Chemotherapie hypnosuggestiv verstärken und auf die Krebsgeschwulst konzentrieren.

Bei der hypnotischen Arbeit mit Allergiepatienten geht es darum, die Überempfindlichkeit dieser Patienten gegenüber harmlosen Substanzen wie Pflanzenpollen oder Tierhaaren zu vermindern. Auch hier wird durch Imaginationstechniken die Reaktion des Körpers auf die Fremdeiweiße so weit verändert, daß es zu einer deutlichen Verminderung der Krankheitsymptome kommt.

Daß Substanzen auf Psyche und Körper nicht immer gleich stark wirken, ist im Alltag oft zu beobachten. Es gibt Situationen, wo man nach dem Genuß großer Mengen Kaffee müde oder selbst nach größeren Mengen Alkohols nicht betrunken wird. Denn Kaffee und Alkohol wirken nicht mechanisch, sondern abhängig von der psychosomatischen Gestimmtheit des Gesamtorganismus.

Um Substanzwirkungen zu verändern, ist die hypnotische Arbeit mit der Submodalitätentechnik besonders wirksam: Der Klient wird aufgefordert, sich die Auswirkungen eines Medikaments oder eines allergieauslösenden Stoffes in allen fünf klassischen Sinnesmodalitäten (Sehen, Hören, Riechen, Schmecken, Tasten) detailliert vorzustellen. Dann werden die sinnlichen Vorstellungen intensiviert, abgeschwächt oder verändert – und damit die Wirkung des Stoffes auf den Organismus.

Dinge wahrnehmen, die nicht da sind

Es ist ein beliebtes Spiel von Kindern und Verliebten, auf einer Wiese liegend die Wolken zu betrachten und aus ihnen Formen entstehen zu lassen. Aus einer Wolke wird ein Pferdekopf, ein Maikäfer, ein Gesicht oder ein Fisch. Wenn man nachts allein in einem dunklen Haus ist, können sich knackende Geräusche in das Gefühl verwandeln, daß »da jemand ist«. Kinder haben keine Probleme damit, auf einem Besenstiel zu reiten und sich vorzustellen, dies sei ein Pferd. Natürlich wiehert das Pferd, es will gefüttert werden, ist nach einer Weile müde und muß schlafen gehen. Auch unter dem Einfluß von halluzinogenen Drogen erlebt man Visionen, die eine große Intensität und Vielfalt erlangen und sich sehr real anfühlen können.

Wenn bei einem Menschen die Abwehrschicht zwischen Bewußtsein und dem Unbewußten zu dünn ist, und aus dem Unbewußten drängen starke abgewehrte Ladungen nach oben, dann kann es zu einer Überflutung mit archaischen Bildern und Impulsen kommen, die die Wirklichkeit verzerren. Eine meiner Klientinnen hatte während einer paranoiden Psychose das Gefühl, daß die kleinen Pfirsichstückchen, die ihr Freund ihr reichte, abgeschnittene Körperteile von Säuglingen seien, die er an sie verfüttern wolle. Und beim Schuheanziehen gab es Schwierigkeiten, weil sich ihr Fuß in einen riesigen, behaarten Pferdefuß verwandelt hatte. Bei diesen Eindrücken handelte es sich nicht nur um Gedanken oder Phantasien – für die Klientin hatten sie Realitätsqualität, sie war sich absolut sicher, daß sie der Wirklichkeit entsprachen.

In der Hypnosetherapie wird gezielt mit halluzinierten Bildern gearbeitet, um dem Unbewußten eine Projektionsfläche zur Verfügung zu stellen. Als eine Klientin von mir zu Beginn einer Sitzung zwanzig Minuten lang lediglich belanglose, abgehobene Alltagsgeschichten erzählte, entstand in mir das Gefühl, daß sie wie eine Katze um den heißen Brei herumschlich. Ich unterbrach sie freundlich und bat sie, sich in der Mitte des Therapieraumes in einigen Metern Entfernung ein rotglühendes Eisenstück vorzustellen. Als sie diese Vorstellung mit meiner Hilfe deutlich vor ihrem inneren Auge hatte, fragte ich sie nach der Form und der Größe des Eisens. Sie sagte, es sehe aus wie ein flacher Kubus, ungefähr wie ein Backstein. Ich bat sie, sich die große, flache Seite des Backsteins genau anzusehen, und lud ihr Unbewußtes ein, auf dieser Fläche in leuchtend weißen Buchstaben ein Wort zu schreiben. Nach einigen Sekunden sah die Klientin das Wort »leer«. Ich fragte sie, was ihr zu diesem Wort einfiele. Sie sagte: »Das ist, wie ich mich fühle: leer.« Ich bat sie, sich »die Leere« bildlich vorzustellen. Sofort hatte sie die Vision eines Kokons, der innen hohl war. Ich bat sie, in den Kokon hineinzugehen und sich in die Leere hineinzuspüren. Sie wurde sich bewußt, daß sie zuvor versucht hatte, durch belangloses Gerede ihre innere Leere zu überspielen. Als es ihr mit Hilfe der Kokon-Vorstellung gelungen war, die Leere unmittelbar wahrzunehmen, wurde sie plötzlich sehr traurig. »Ich fühle mich so wie damals, als ich zwölf oder dreizehn Jahre alt war, als ich immer in meinem Zimmer saß und das Gefühl hatte, ich bin ganz allein auf dieser Welt.«

Oft geben Hypnotherapeuten Standardbilder vor, wie zum Beispiel eine Leinwand, einen Videoschirm oder einen Nebel, damit der Klient darauf innere Bilder projizieren kann. Diese sogenannte »hypnoprojektive Arbeit« funktioniert etwa so wie der bekannte Rohrschach-Test, bei dem der Klient seine unbewußten Vorstellungen in bunte Tintenkleckse hineinprojiziert. Der Vorteil bei der Hypnoprojektion auf nur in der Phantasie visualisierte Objekte ist, daß der Therapeut die vorgestellte Projektionsfläche (bei der oben genannten Klientin »das heiße Eisen«) der Persönlichkeit und Fragestellung des Klienten entsprechend gestalten kann. Außerdem ist es leichter, in nur vorgestellte Bilder »hineinzusteigen«, was dem Klienten einen erlebnisorientierten Zugang zu seinen unbewußten Prozessen ermöglicht.

Dinge nicht wahrnehmen, die da sind

Ein Spezialfall einer hypnotischen Halluzination liegt vor, wenn der Hypnotiseur dem Klienten suggeriert, daß er nach dem Erwachen aus der Trance etwas nicht wahrnehmen werde, was in der Realität tatsächlich vorhanden ist. In tiefer Trance neigen Hypnotisierte schon von sich aus dazu, alles aus ihrer Wahrnehmung auszublenden, was nicht unmittelbar zum hypnotischen Setting gehört. Sie nehmen den Hypnotiseur und seine Worte wahr, alles andere verschwimmt in Diffusität oder verschwindet. Wenn man diese Tendenz suggestiv erweitert, kann man dem Klienten suggerieren, daß er die Anwesenheit einer dritten Person oder ein auf dem Tisch liegendes Buch nicht mehr wahrnimmt. Man spricht dann von einer negativen Halluzination.

Negative Halluzinationen tauchen auch im Alltag auf. Vor einigen Tagen beispielsweise suchte ich verzweifelt nach meiner Geldbörse, die gut sichtbar direkt vor mir auf meinem Schreibtisch lag. Ebenso habe ich schon meine Brille gesucht, die auf meiner Nase saß, oder meine Armbanduhr, die ich am Arm trug. Einige (vor allem ältere, aber auch sehr junge) Leute haben die Fähigkeit, selektiv taub zu sein. Wenn sie etwas hören wollen, können sie es verstehen, dann wiederum sind sie plötzlich schwerhörig, wenn sie etwas nicht hören wollen. In der Psychotherapie geschieht es oft, daß Klienten die Worte des Therapeuten akustisch nicht verstehen, wenn durch sie im Innern etwas berührt wird, was abgewehrt werden muß. Diese Abwehr legt sich vor die akustische Wahrnehmung, der Klient erlebt eine Art unbewußtes akustisches Rauschen, so daß die Aussage des Therapeuten nicht mehr zu ihm durchdringt.

Negative Halluzinationen sind häufig bei Menschen mit einer zwanghaften Persönlichkeit anzutreffen, die dazu neigen, alles aus ihrer Wahrnehmung auszublenden, was in ihre psychische Struktur nicht hineinpaßt. Eine Kollegin von mir betreute vor einigen Jahren eine therapeutische Wohngemeinschaft für Psychiatriepatienten. Eine Bewohnerin der Wohngemeinschaft, auf die diese Kollegin große Stücke hielt, wurde während des Aufenthalts in der Wohngemeinschaft drogenabhängig und begann, Heroin zu spritzen. Selbst als die Bewohnerin mit nur noch stecknadelkopfgroßen Pupillen, hängendem Gesicht, stark verlangsamten Bewegungen und einer schlafwandlerähnlichen Sprechweise vor meiner Kollegin saß, bemerkte diese die Drogenabhängigkeit der Bewohnerin nicht. Sie hatte ein unflexibel positives Bild von der jungen Frau und konnte sich trotz entsprechender Fachkenntnisse einfach nicht vorstellen, daß diese drogenabhängig werden könne.

Ausblendungen der Wahrnehmung schränken die Realitätskontrolle und Handlungsfähigkeit ein, deshalb wird in der Hypnotherapie damit nur selten gearbeitet. Negative Halluzinationen werden vor allem zu experimentellen Zwecken suggeriert, um die Eigenart des hypnotischen Trancezustandes zu erforschen, und – leider – in der Showhypnose zur Belustigung der Zuschauer.

Schlafwandeln

Eine frühere Freundin von mir schlug nachts, wenn ich etwas später als sie schlafen ging, manchmal die Augen halb auf, war aber nicht völlig wach, sondern befand sich in einer anderen Welt. Sie sprach mit mir, erkannte mich aber nicht und verwechselte mich mit Personen, von denen sie gerade geträumt hatte. Hin und wieder stand sie mitten in der Nacht auf und wuselte in der Wohnung herum, suchte zum Beispiel im Schlafanzug mit halb geschlossenen Augen an der verkehrten Seite der Wohnungstür die Türklinke, weil sie »zu einer dringenden Verabredung« müsse. Wenn ich sie in solchen Situationen nicht aufweckte, war es möglich, über längere Zeit mit ihr in ihrer Traumwirklichkeit zu sprechen und in der Wohnung umherzugehen. Am nächsten Morgen konnte sie sich an nichts mehr erinnern und stritt sogar strikt ab, daß so etwas geschehen sein könne.

Wenn jemand aus solch einem dissoziierten Zustand nicht mehr geweckt werden kann, dann sprechen wir von einer Psychose. Die psychotische Wirklichkeit ist eine Art dauerhaftes Schlafwandeln. Der Psychotiker befindet sich in einer Traumrealität, die in ihrer Gefühlsqualität zwischen Ekstase und Horror schwanken kann.

In der Hypnosetherapie wird ein schlafwandlerischer Zustand, an den der Hypnotisierte später keine Erinnerung mehr hat, als Somnambulismus bezeichnet. Somnambulismus tritt spontan in tiefster Trance auf, aber schon in leichteren Trancezuständen können Hypnotisierte sich mit offenen Augen in vorgestellten Realitäten bewegen, deren Intensität und Realitätscharakter mit Tiefe der Trance zunimmt. Eine leichtere Variante dieses Prozesses liegt in Rollenspielen vor, die in unterschiedlichen Therapieformen eingesetzt werden. Beispielsweise kann ein Klient sich vorstellen, auf einem Stuhl ihm gegenüber sitze seine Ehefrau, mit der er ein Problem auszutragen hat, und der Therapeut hilft ihm, sich ihr gegenüber klar auszudrücken. Obwohl das Gespräch nur imaginiert ist, kann es beim Klienten starke Gefühlsreaktionen auslösen und zu einem tiefgreifenden Klärungsprozeß führen.

Oft gestellte Fragen zu Hypnose

Ist jeder Mensch hypnotisierbar?

Eine der am häufigsten gestellten Fragen über Hypnose ist die, ob eigentlich jeder Mensch hypnotisierbar sei. Die meisten klassischen Hypnotiseure wie zum Beispiel Leon Chertok vertreten die Meinung, daß nur etwa 10 bis 20 Prozent der Menschen in eine tiefe Hypnose zu bringen seien. In Amerika wurden eine Reihe von Tests entwickelt, die den Umfang der Hypnotisierbarkeit einer Person erfassen sollen. Da diese Tests aber mit standardisierten Formulierungen arbeiten, die bei jeder Versuchsperson gleich sind und nicht auf die Individualität der Versuchsperson eingehen, ist ihre Aussagekraft begrenzt. Sie sagen im Grunde eher etwas über die Leistungsfähigkeit der vorgegebenen Hypnosemethode aus als über die Hypnotisierbarkeit der Versuchsperson.

Es scheint tatsächlich so zu sein, daß mit direktiven, mechanischen und schematischen Hypnoseverfahren nur eine Minderheit von Versuchspersonen tief hypnotisiert werden kann. Wenn ein Hypnotiseur die Suggestionen einfach als Befehle oder Feststellungen formuliert (z.B. »Deine Arme werden schwer und unbeweglich«), wenn er jeden Menschen ungeachtet seiner individuellen Vorlieben, Ängste und Widerstände auf die gleiche Weise hypnotisiert und eine Vertiefung vorwiegend durch Wiederholung (»tiefer, tiefer, tiefer«) oder durch allseits bekannte Techniken (zählen von 10 bis 1 rückwärts, Rolltreppen- oder Fahrstuhlmetapher) versucht, dann wird er auf diese Weise nur relativ wenige Menschen erreichen können.

In der Ericksonschen, indirekten Hypnose macht der traditionelle Begriff der Hypnotisierbarkeit kaum noch einen Sinn. Für Ericksonianer ist selbst tiefe Trance ein Alltagsphänomen, das jeder Mensch schon oft erlebt hat. Ob es einem Hypnotiseur gelingt, einem Menschen den Einstieg in einen veränderten Bewußtseinszustand zu ermöglichen und diesen für einen bestimmten Zweck zu nutzen, ist hauptsächlich eine Frage der Motivation des zu Hypnotisierenden und der Fähigkeit des Hypnotiseurs, sich sensibel auf die Eigenheiten des anderen einzustellen. Hypnotisierbarkeit wird also vor allem zu einer Frage der Beziehung zwischen Hypnotiseur und Hypnotisanden.

Darüber hinaus spielt die Situation, in der hypnotisiert wird, eine große Rolle. Menschen, die unter starken Schmerzen oder Ängsten leiden oder sich in Schockzuständen befinden, lassen sich nahezu immer gut hypnosieren. Sie sind hoch motiviert, suchen nach Hilfe und können daher leicht beeinflußt werden. Oft fällt es einem Menschen leichter, einen bestimmten Tranceeffekt zu erleben als einen anderen. Beispielsweise ist es durchaus möglich, daß es einer Person in Hypnose gelingt, eine vollständige Empfindungslosigkeit des rechten Oberkiefers zu haben, so daß eine Zahnextraktion ohne chemische Anästhesie durchgeführt werden kann. Derselbe Mensch ist jedoch vielleicht nicht in der Lage, seine Hand von selbst nach oben schweben zu lassen, was in den standardisierten Tests schon bei niedriger Hypnotisierbarkeit möglich sein soll.

Es gibt Menschen, denen »negative« hypnotische Phänomene (Bewegungslosigkeit, Empfindungslosigkeit, Ausblendung von Sinneswahrnehmungen) leichter fallen, während andere Menschen eher zu »positiven« Phänomenen (Halluzinationen, suggerierte Bewegungen, hypnotische Träume) in der Lage sind. Es ist auch möglich, daß ein Mensch an einem Tag innerhalb weniger Minuten in tiefe Trance eintaucht, während ihm das einen Tag später absolut nicht gelingt.

Die Hypnotisierbarkeit hängt sehr stark davon ab, wie weit der Hypnotiseur die persönliche Weltanschauung, die Erwartungen, Wünsche und Ängste des zu Hypnotisierenden erfassen und in die Tranceinduktion einbauen kann. Ich habe vor einigen Monaten einen Physikprofessor hypnotisiert, der Grundlagenforschung im kristallografischen Bereich macht. Wegen seiner durch und durch rationalistischen Weltanschauung bot ich ihm hypnotische Suggestionen im Rahmen eines naturwissenschaftlichen Modells an. Ich sprach von Muskelinnervationen und synaptischen

Transmittern, wodurch er relativ leicht einen kataleptischen Star-rezustand des ganzen Körpers erleben konnte. Mein Versuch, mit ihm ein Bild seiner selbst an einer anderen Stelle des Raumes zu entwickeln, mit dem er sprechen konnte, schlug jedoch völlig fehl, weil nach seiner weltanschaulichen Grundüberzeugung derselbe materielle Körper (er selbst) unmöglich an zwei Orten gleichzeitig existieren kann. Es fiel ihm leicht, ein hypnotisches Phänomen zu entwickeln, daß in seine Weltanschauung hineinpaßte, ein Phänomen, das seiner Philosophie zuwiderlief, konnte er dagegen nicht entwickeln.

Obwohl der oben genannte Physikprofessor durch meine Sug-gestionen am ganzen Körper steif wie ein Brett war, so daß er durch leichtes Pusten gegen seine Stirn nach hinten umfiel, fragte er mich nach der Hypnose: »Und – war ich jetzt in Trance, oder was?« Obwohl für jeden Außenstehenden offensichtlich war, daß er meinen Suggestionen gefolgt war, wurde es ihm selbst keines-wegs deutlich, daß er sich in einem veränderten Bewußtseinszu-stand befunden hatte.

Seine Frage ist geradezu typisch für das Tranceerleben. Irgend etwas Seltsames schien geschehen zu sein, aber er wußte nicht genau, was, oder ob dies nun Hypnose gewesen war. Der Tran-cezustand ist für Ungeübte oft nicht leicht zu erfassen, und das subjektive Erleben stimmt nicht immer mit objektiv sichtbaren Trancezeichen überein.

In den letzten dreißig Jahren wurde eine Vielzahl empirischer Untersuchungen mit Tausenden von Versuchspersonen durchge-führt, um einen Zusammenhang zwischen der Hypnotisierbarkeit und Persönlichkeitsmerkmalen wie Willensschwäche, mangelnder Intelligenz und anderen negativen psychischen Eigenschaften zu entdecken. Trotz großen Aufwandes konnte in den Untersuchungen kein solcher Zusammenhang nachgewiesen werden. Das hartnäk-kig sich haltende Mißverständnis, Hypnotisierbarkeit hänge mit einer Schwäche des Ich zusammen, kann somit als widerlegt gelten.

Ebenfalls konnte in den Untersuchungen kein Unterschied zwischen der Hypnotisierbarkeit von Frauen und Männern gefun-den werden. Kinder scheinen jedoch leichter hypnotisierbar zu sein als Erwachsene. Die klassischen Tests ergeben, daß die

Hypnotisierbarkeit ihren Höhepunkt etwa im 10. Lebensjahr erreicht und mit zunehmendem Alter (vermutlich mit der allgemeinen geistigen Beweglichkeit) allmählich abnimmt.

Die Hypnotisierbarkeit scheint, wie weitere Untersuchungen ergaben, vor allem mit der Fähigkeit einer Person zusammenzuhängen, sich auf eine geistige Aktivität einzulassen, sich Dinge lebendig vorzustellen oder in einer Phantasie aufzugehen.

Hier eine Zusammenfassung weiterer Faktoren, die für die Hypnotisierbarkeit eine Rolle spielen.

Auf Seiten des Hypnotiseurs ist bedeutsam:

— seine Persönlichkeit, sein Auftreten, sein persönlicher Ausdruck, seine Ausstrahlung, ob er Vertrauen erwecken und eine fesselnde, »magische« Atmosphäre zu erzeugen vermag,
— ob er Anfänger oder ein erfahrener Hypnotiseur ist,
— ob und wie oft er selbst tiefe Trancezustände erlebt hat,
— sein Ruf, sein Ansehen und seine soziale Stellung (viele Menschen lassen sich leichter von bekannten, angesehenen und sozial hochgestellten Personen hypnotisieren),
— die innere Einstellung des Hypnotiseurs zur Hypnose überhaupt und zu seinen hypnotischen Fähigkeiten im besonderen (glaubt er daran, und vertraut er darauf oder nicht?),
— sein Selbstvertrauen im Umgang mit Menschen allgemein,
— seine Flexibilität und Kreativität (kann er sich wechselnden Bedürfnissen des Hypnotisanden anpassen?),
— seine Fähigkeit, während der Hypnose in gewissem Umfang zusammen mit dem Klienten in Trance zu gehen,
— wie gründlich er die angewandten Techniken geübt hat und wie differenziert er sie beherrscht,
— seine Vorlieben für bestimmte Induktionsmethoden und Abneigungen gegen andere (einige Hypnotiseure wenden beispielsweise fast immer Entspannungssuggestionen an, andere arbeiten überwiegend mit Geschichten),
— ob er eher direktiv oder eher indirekt arbeitet,
— ob es ihm gelingt, tiefen und subtilen emotionalen Kontakt zum Hypnotisanden herzustellen und zu halten.

Beim Hypnotisanden sind zu berücksichtigen:

- persönliche Eigenarten, Vorlieben und Abneigungen (einige Menschen können zum Beispiel wesentlich leichter im Liegen hypnotisiert werden als im Sitzen, andere haben eine Aversion gegen Konfusionstechniken, gegen Augenkontakt oder gegen eine »säuselnde« Sprechweise),
- Wünsche und Ängste bezüglich Hypnose (sind diese ausreichend abgeklärt worden?),
- die spezielle Motivation für diese Hypnosesitzung,
- seine Weltanschauung und seine persönlichen Überzeugungen bezüglich der Wirkung von Hypnose (beispielsweise lehnen manche Religionsgemeinschaften Hypnose prinzipiell als »Teufelswerk« ab),
- positive und negative Vorerfahrungen mit Hypnose,
- seine Aufnahme- und Vorstellungsfähigkeit,
- seine Neigung zu oder Faszination von speziellen hypnotischen Phänomenen.

Was die Beziehung zwischen beiden angeht, ist es wichtig:

- ob es sich um eine professionelle Beziehung (z.B. Psychotherapie, ärztliche oder heilpraktische Behandlung), um privaten Kontakt oder um eine Showveranstaltung handelt,
- ob es zwischen beiden Abhängigkeitsbeziehungen gibt (wie etwa zwischen einem Arzt und seiner Sprechstundenhilfe),
- ob ungeklärte Befürchtungen vorliegen (eine heimlich untreue Person wird sich kaum in Anwesenheit seines Ehepartners tief hypnotisieren lassen, aus Angst, sich zu verraten),
- ob es Übertragungs- und Gegenübertragungsprozesse zwischen beiden gibt und wie diese aussehen.

Was die Situation betrifft, in der hypnotisiert werden soll, ist es ein Unterschied:

- ob im Rahmen einer Psychotherapie, einer körperlichen Heilbehandlung, eines Experiments, als Partyspaß, auf der Bühne, zu Demonstrationszwecken oder in einer akuten Notlage hypnotisiert wird,

- ob die Hypnose im Zweier-Setting oder auf einer Bühne vor Publikum stattfindet (was die Hypnotisierbarkeit in der Regel verstärkt) und
- ob Hypnose explizit angewandt (das heißt, auch als solche benannt) wird, oder implizit (etwa als Phantasiereise, als Entspannungs- oder Imaginationsübung, als geführte Meditation) oder als beiläufige Suggestion im Gespräch.

Wenn man all diese Faktoren berücksichtigt, kann man davon ausgehen, daß unter bestimmten Voraussetzungen jeder Mensch hypnotisierbar ist.

Wovon die Hypnotisierbarkeit abhängt

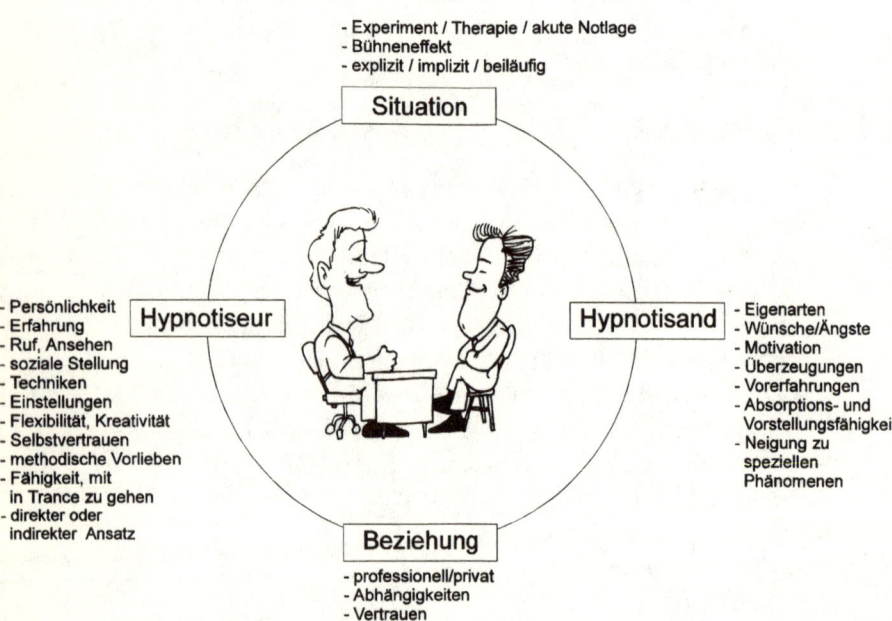

- Experiment / Therapie / akute Notlage
- Bühneneffekt
- explizit / implizit / beiläufig

Situation

- Persönlichkeit
- Erfahrung
- Ruf, Ansehen
- soziale Stellung
- Techniken
- Einstellungen
- Flexibilität, Kreativität
- Selbstvertrauen
- methodische Vorlieben
- Fähigkeit, mit in Trance zu gehen
- direkter oder indirekter Ansatz

Hypnotiseur

Hypnotisand

- Eigenarten
- Wünsche/Ängste
- Motivation
- Überzeugungen
- Vorerfahrungen
- Absorptions- und Vorstellungsfähigkeit
- Neigung zu speziellen Phänomenen

Beziehung

- professionell/privat
- Abhängigkeiten
- Vertrauen
- Rapport

106

Sind in Hypnose
körperliche Funktionen verändert?

In Hypnose ist in der Regel das sympathische Nervensystem (das für die Kampf- und Fluchtfunktionen zuständig ist) gedämpft und das parasympathische Nervensystem (das für Hingabe und Erholung zuständig ist) angeregt. Ein Hypnotisierter atmet meistens langsamer, und auch sein Herzschlag ist verlangsamt. Blutdruck und physiologischer Grundumsatz sinken ab, und der Hautwiderstand steigt. Die Hirnstromkurven zeigen in der rechten Hirnhälfte vermehrt Alphawellen um 10 Schwingungen pro Sekunde. Die Konzentrationen der Streßhormone Adrenalin und Noradrenalin im Blut sinkt ab. Die Zahl der weißen Blutkörperchen (Immunabwehr) und der Blutplättchen (Blutgerinnung) sinkt nach der Hypnose normalerweise für etwa eine halbe Stunde um durchschnittlich 25 Prozent. Wenn aber in Hypnose aggressive Gefühle wie Wut, Haß, Neid oder Streitlust suggeriert werden, dann steigt die Zahl der weißen Blutkörperchen drastisch an.

Woran merkt man, daß man in Trance ist?

Viele Menschen glauben, daß sie während einer Trance eindeutig spüren könnten, ob sie in Trance sind oder nicht, wobei sie aber in der Regel nur sehr vage Vorstellungen davon haben, woran sie dies merken würden. Beispielsweise kann jemand sogar unter Hypnoseanästhesie während einer Meniskusoperation das Gefühl haben, wach zu sein und nur das rechte Bein nicht zu fühlen, das gerade operiert wird. Oder aber er hat nachher das Gefühl, er habe einfach nur geschlafen, und es sei gar nichts weiter passiert. Auch ein Mensch, der einer posthypnotischen Suggestion unterliegt, kann ein waches und kontrolliertes Gefühl haben, während er gleichzeitig nicht in der Lage ist, von seinem Stuhl aufzustehen oder einen kataleptisch erhobenen Arm wieder auf der Sessellehne abzulegen. Der tatsächlich veränderte Zustand wird also von dem Hypnotisierten nicht immer eindeutig erkannt.

Nach einiger Übung lassen sich leichte bis mittlere Trancezustände auch »von innen« wahrnehmen, zum Beispiel als Leere

(»Mein Kopf war leer wie eine Blechbüchse«), als Treiben oder Fließen der Gedanken, als passive Aufmerksamkeit, als eine Art Dösen oder als Versunkenheit in Phantasien und Träumen.

Ist man sofort vollkommen weg?

Viele Menschen haben, beeinflußt durch Sensationsgeschichten und Showhypnotiseure, die Erwartung, daß sie nach einem Fingerschnipsen des Hypnotiseurs augenblicklich in tiefe Hypnose versinken würden. Dies trifft jedoch in aller Regel nicht zu. Bei hochsuggestiblen Personen ist es zwar durchaus möglich, in Trance einen posthypnotischen Anker zu setzen, so daß sie beim nächsten Mal tatsächlich durch ein Fingerschnipsen sehr schnell eine tiefe Trance erreichen. Um dies zu bewirken, müssen sie jedoch zuvor durch eine wesentlich längere hypnotische Induktion gegangen sein.

Auch Showhypnotiseure beginnen nicht mit dem Fingerschnipsen, sondern sie setzen es ein, nachdem sie ihre »Versuchskaninchen« durch ausführliche Suggestionsprozeduren darauf eingestellt haben. Außerdem sind nur relativ wenige Menschen in eine solch umfassende Gehorsamsbereitschaft hineinzuführen, daher suchen sich Bühnenhypnotiseure ihre »Opfer« auch gründlich aus.

Bei den meisten Menschen ist eine »Signalhypnose« nur durch längere Übung und aufgrund eines langsam aufgebauten Vertrauensverhältnisses zum Hypnotiseur möglich.

Kann man alle Probleme einfach weghypnotisieren?

Der Hypnotherapie ergeht es nicht anders als anderen Therapieschulen auch, die gerade einen gesellschaftlichen Aufwind erleben – sie wird in ihren Möglichkeiten oft überschätzt und von ihren Vertretern übertrieben dargestellt. Viele Menschen verbinden mit Hypnosetherapie unrealistische, überzogene Erwartungen, und die gnadenlose Eigenwerbung einiger Hypnotherapeuten trägt dazu ein übriges bei. Die Erwartung eines Menschen, durch Hypnose geheilt zu werden, ist besonders verführerisch, weil er glaubt, er müsse zu seinem therapeutischen Fortschritt nichts beitragen, außer sich bequem hinzusetzen und die Augen zu schließen – den Rest mache der Therapeut. So einfach läuft es aber nicht ab. Leider ist auch die Hypnotherapie nicht das Wundermittel, das sämtliche Störungen innerhalb kürzester Zeit mühelos zum Verschwinden bringt.

Zunächst einmal arbeiten nur die wenigsten ausgebildeten Hypnotherapeuten ausschließlich mit Hypnose. Es gibt unter Hypnotiseuren weder ein klar beschriebenes Menschenbild oder eine einheitliche Theorie der Krankheitsentstehung noch eine klare Diagnostik oder Indikationsstellung. Bei Hypnose handelt es sich um ein Bündel von Methoden, um vertiefte Bewußtseinszustände einzuleiten und zu nutzen. Wie man dann in der Trance hypnotisch arbeitet, hängt sehr von der Grundorientierung des Hypnotherapeuten ab. Einige Hypnotherapeuten arbeiten auf einem verhaltenstherapeutischen Hintergrund, sie benutzen Hypnose, um schnelle, alltagspraktische Verhaltensänderungen zu fördern. Andere Therapeuten (wie ich) arbeiten eher psychodynamisch und nutzen Trance als Zugang zur Dynamik des Unbewußten, die anschließend aufdeckend und integrierend bearbeitet wird. Wieder andere Hypnotherapeuten bewegen sich auf einem systemischen, NLP-orientierten oder spirituellen Hintergrund. Bei einer Hypnosetherapie handelt es sich fast immer um eine zugrundeliegende »eigentliche« Therapieform, die durch Trance erleichtert und beschleunigt wird. Nur sehr wenige Hypnotherapeuten versuchen noch, tieferliegende Probleme direkt »wegzuhypnotisieren« – einfach deshalb, weil das in den meisten Fällen nicht langfristig funktioniert.

Wenn man einem Klienten in Trance lediglich suggeriert, daß sein Problem nach der Trance für immer verschwunden sei, dann gelingt das nur in einem kleinen Prozentsatz der Fälle. Dabei handelt es sich meist um Klienten, die unter klar eingegrenzten, relativ oberflächlichen Problemen leiden, die hoch motiviert und nur einen kleinen Schritt von der Lösung ihres Problems entfernt sind. Ihnen kann man manchmal durch ein einfaches Gespräch, eine Übung, einen Ratschlag oder eben auch durch eine hypnotische Suggestion helfen. So habe ich beispielsweise vor einem halben Jahr eine entfernte Bekannte, die seit fünfzehn Jahren durchschnittlich dreißig Zigaretten am Tag rauchte, in einer einzigen Sitzung unterstützen können, das Rauchen aufzugeben – und sie raucht bis heute nicht wieder.

Auch in Notfällen und bei akuten Schmerzen kann direktive Hypnose gute erste Hilfe leisten. In der Psychotherapie jedoch sind die Symptome meist Anzeichen von tieferliegenden psychischen Abspaltungsprozessen, die vom Betroffenen in einem längeren Therapieprozeß bearbeitet werden müssen, wenn die Veränderung dauerhaft sein soll.

Psychodynamisch betrachtet ist das Symptom nicht die Störung selbst, sondern bereits ein Versuch, notdürftig mit einem emotionalen Ungleichgewicht im Unbewußten klarzukommen. Das Symptom einfach beseitigen zu wollen wäre so, als würde man einem Blinden seinen Stock wegnehmen, damit er wieder sehen kann. Solange die zugrundeliegenden Abwehrprozesse nicht geheilt sind, wird der eingekapselte Gefühlsknoten auf die eine oder andere Weise wieder zum Ausdruck kommen.

Wenn man beispielsweise einem Menschen mit Migräne nur suggestiv die Schmerzen nimmt, so tauchen sie nach einer Weile wieder auf. Suggeriert man einem Raucher, daß er keine Zigaretten mehr rauchen werde, dann führt das nur bei sehr wenigen Menschen langfristig zum Erfolg. Schließlich hat das Rauchen eine angenehme Seiten, auf die der Raucher nicht verzichten möchte. Wenn er nicht raucht, wird er vielleicht nervös, ißt pausenlos Süßigkeiten und weiß nicht mehr, wohin er mit seinen Händen soll. Vielleicht ist er im Grunde seines Herzens ein »Säugling« geblieben, der nicht von Mamas Brüsten wegkam, oder er hat Angst, dick zu werden, wenn er mit dem Rauchen aufhört. Solche Aspekte müssen in der Hypnotherapie berücksichtigt werden, denn sie entscheiden über Erfolg oder Mißerfolg der Therapie – und das geht bereits über die einfache hypnotische Symptombeseitigung hinaus.

Wenn die Trancebehandlung die Kreativität des Unbewußten nutzt, wirkt sie außerdem oft nicht auf eine vorhersagbare Weise, sondern »trance-logisch«. Eine Freundin von mir litt seit Jahren unter einem heftigen Krampfgefühl in der Gegend zwischen Nabel und Brustbein, ohne daß ärztlicherseits eine organische Magen- oder Darmstörung festzustellen gewesen wäre. Ich bot ihr an, es mit Hypnose zu versuchen, und erzählte ihr in Trance eine verschachtelte Geschichte, die ihren Lebensverhältnissen angepaßt war und in die ich immer wieder die allgemeine Idee eingewoben hatte, »loszulassen«. Am nächsten Tag war der Krampfzustand verschwunden. Auf Befragen berichtete sie, daß sie die ganze Nacht über heftige Durchfälle gehabt habe. Obwohl ich die Darmreaktion nicht direkt suggeriert hatte, machte die körperliche Reaktion im nachhinein betrachtet durchaus Sinn. Während der Trance oder davor hätte ich diese Reaktion aber nicht voraussagen können. Das Unbewußte hatte die Suggestionen (»loslassen«) auf seine Weise interpretiert und in einen physiologischen Prozeß (Durchfall) umgesetzt. Es handelte sich um einen kreativen Akt, den das Unbewußte vollbrachte, um ein eingeklemmtes Gefühl auf körperlichem Wege »auszuscheiden«. Das Verschwinden des Symptoms brachte wie erwartet nur eine vorübergehende Erleichterung. Das Krampfgefühl kehrte nach einigen Tagen wieder zurück und konnte erst in einem längeren körpertherapeutisch-analytischen Prozeß bei einem Kollegen verarbeitet werden.

Oft hat der Klient von seinem Symptom einen bewußten oder unbewußten »sekundären Krankheitsgewinn«. Vielleicht enthebt ihn seine Symptomatik von überfordernden Ansprüchen am Arbeitsplatz oder seitens seiner Familie. Vielleicht ist Kranksein die einzige Möglichkeit, die er kennt, um Schonung in Beziehungskonflikten oder Zuwendung von seinem Partner zu erhalten. Die unbewußte Abhängigkeit vom Krankheitsgewinn kann ein durch Hypnose vorübergehend verschwundenes Symptom nach einiger Zeit wieder erscheinen lassen.

Eine hypnotherapeutische Behandlung, die an die Ursachen einer Problematik gehen will, muß ihr Hauptaugenmerk auf die Funktion der Störung richten, denn neurotische Symptome sind, so seltsam das klingen mag, Wächter der Gesundheit. Chronische Depressionen beispielsweise gehen in der Regel auf alte, kindliche Erlebnisse von Verlassenheit oder Demütigung zurück. Der Energiemangel, den ein Depressiver erlebt, schützt ihn vor darunterliegender massiver Verzweiflung, vor Autoaggressionen oder vor der Angst, vor Haß verrückt zu werden – wobei diese Gefühle in der Regel in unbewußte, alte Beziehungsknoten mit den Eltern eingebunden sind. Ein Hypnotiseur, der einem depressiven Klienten einfach eine bessere Stimmung suggeriert, scheitert langfristig ebenso wie ein Arzt, der ihm lediglich stimmungsaufhellende Medikamente verschreibt. Denn die Störung ist nicht an der Wurzel geheilt, sondern sie wurde nur vorübergehend zugedeckt.

Es gibt psychische Anteile, die sich der Heilung widersetzen, selbst wenn diese noch so sehr gewünscht wird. Diese Anteile werden als Widerstand bezeichnet. Wenn es dem Hypnotiseur gelingt, den Widerstand nicht als Feind zu betrachten, den er ausschalten oder überlisten muß, sondern als wichtigsten Bundesgenossen im Therapieprozeß, wenn er den Widerstand ernst nimmt und in seiner Selbstschutzfunktion respektiert, dann können langfristige Behandlungserfolge mit Hypnose erzielt werden. Persönlichkeitsverändernde Therapie braucht Zeit, auch wenn hypnotisch gearbeitet wird.

Psychodynamische Hypnosearbeit hat Wachstum und Integration der Persönlichkeit zum Ziel. Sie sucht nach kreativen Wegen, die den kindlich gebliebenen Wünschen und Ängsten des Klienten erlauben, erwachsen zu werden. Sie ist wesentlich mühsamer und langwieriger, als viele sich das von einer Hypnosetherapie erhoffen, aber dafür hat sie Aussicht auf einen tiefgehenden und langfristig anhaltenden Behandlungserfolg.

Ist alles wahr, woran man sich in Hypnose erinnert?

Hypnose kann die Gedächtnisleistung oft in erstaunlichem Umfang fördern. So konnten Opfer und Zeugen von Kriminaldelikten, bei denen normale polizeiliche Verhöre keine aufschlußreichen Details mehr hervorbrachten, sich unter Hypnose an Autonummern, Gespräche oder örtliche Besonderheiten erinnern, die dazu führten, daß die Täter identifiziert und verhaftet werden konnten. Piloten von abgestürzten Flugzeugen erinnerten sich in Hypnose an Details des Unfalls, die ihnen im Wachzustand nicht zugänglich waren, und aufgrund derer der Hergang des Absturzes rekonstruiert werden konnte.

Offenbar gibt es aber auch nachweislich falsche Erinnerungen in Hypnose, oder Erinnerungen aus verschiedenen Situationen und Zeiten werden miteinander vermischt. Diese Problematik wird vor allem in Amerika unter der Bezeichnung »False Memory Syndrom« in den letzten Jahren heftig diskutiert. Der Hypnotisierte befindet sich in einer Trancerealität, die sich sehr wirklich anfühlen kann, obwohl sie durch die direkten und indirekten Suggestionen des Hypnotiseurs erzeugt und von dessen bewußten und unbewußten Einschätzungen, Wünschen und Befürchtungen beeinflußt wird. Der Hypnotisierte ist manchmal im nachhinein bereit, jeden Eid zu schwören, daß seine Erinnerung stimmt, aber in bestimmten Fällen können solche Erinnerungen nachweislich falsch sein (wenn zum Beispiel mehrere Personen sich in Trance an dieselbe Situation erinnern, sich ihre Erinnerungen aber in wesentlichen Aspekten unterscheiden).

Ich selbst habe in Tieftrance innerhalb von vier Jahren dreimal meine eigene Geburt wiedererlebt. Ich sah die Neonröhren über mir im Kreißsaal des Krankenhauses, die verchromten Türen der Aufzüge, Einzelheiten der Räumlichkeiten, die Gesichter der Ärzte und die medizinischen Instrumente. Ich war von der Detailliertheit meiner Erinnerungen fasziniert – bis mir meine zehn Jahre ältere Schwester sagte, daß ich nicht in einem Krankenhaus, sondern zu Hause geboren bin. Sie wisse das genau, denn sie sei währenddessen in der Wohnung gewesen. Vermutlich hatte also mein Unbewußtes Erinnerungen aus späteren Krankenhausaufenthalten rückprojiziert.

»Erinnerungen« unter Hypnose können Abwehrcharakter haben und reale traumatische Geschehnisse verdecken. Eine meiner Klientinnen »erinnerte« sich beispielsweise bei einem hypnotisch arbeitenden Reinkarnationstherapeuten an insgesamt 28 Vorleben. In all diesen Vorleben war sie sexuell mißbraucht worden, nur in ihrem gegenwärtigen Leben nicht.

Die Erwartungen und Befürchtungen des Hypnotiseurs vermitteln sich unterschwellig in den Hypnotisierten und beeinflussen dessen Reaktionen. Schon vor hundert Jahren berichtete Bernheim von Experimenten, in denen er Hypnotisierten suggerierte, sie seien Zeugen eines Verbrechens geworden. Nach dem Erwachen erinnerten sich die Versuchspersonen nicht mehr an die Suggestion, waren aber bereit, »vor Gott und den Menschen« sowie vor einem anwesenden Untersuchungsrichter zu beschwören, daß das suggerierte Vorkommnis der Wahrheit entspreche. Sie wichen davon auch dann nicht ab, als Bernheim ihnen versicherte, alles sei nur ein Traum gewesen, er habe ihnen das lediglich suggeriert. Die Auswirkungen indirekter, auch unbeabsichtigter Suggestionen müssen also gewissenhaft in die Bewertung der Ergebnisse von Befragungen unter Hypnose einbezogen werden. Insbesondere Kinder und desorientierte Erwachsene unterliegen oft den Fallstricken einer suggestiven Befragung (»Hatte der Betreffende die Tatwaffe in der rechten oder in der linken Hand?«) und können zu Aussagen verleitet werden, die nicht immer der Wahrheit entsprechen.

Die Möglichkeit falscher Erinnerungen ist insbesondere im Umkreis von Verbrechen und sexuellem Mißbrauch ein heißes Eisen. Einerseits können durch Hypnose tatsächlich geschehene, aber vergessene schwere Traumatisierungen nachweislich wieder zugänglich gemacht werden, andererseits ist es manchmal sowohl für den Klienten als auch für den Therapeuten schwer, einzuschätzen, ob und inwieweit es sich bei den in Trance erlebten Situationen um tatsächliche Erinnerungen, um Phantasien oder um ein Gemisch aus beidem handelt.

In den letzten Jahren haben eine ganze Reihe von Klientinnen und Klienten von mir im Laufe ihrer Therapie über Erinnerungen oder Phantasien von sexuellem Mißbrauch in ihrer Kindheit berichtet. In einigen Fällen war es sowohl für die Klientin oder den Klienten selbst als auch für mich klar, daß es sich dabei um reale Erinnerungen handelte. In anderen Fällen war sich die Klientin oder der Klient selbst nicht sicher, ob es sich um Erinnerungen oder um Phantasien handelte, und auch ich wußte es nicht. Manchmal tauchten entsprechende Phantasiebilder auf, die bedeutsam zu sein schienen, obwohl sie keine ausgeprägte Erinnerungsqualität hatten. Manchmal gab es nur das Gefühl, daß da »etwas gewesen ist«, aber ohne Erinnerungen. Oft fragen die Klientinnen und Klienten dann mich, ob ich der Meinung sei, daß das »real« ist. Meine Antwort lautete in der Regel ehrlicherweise, daß ich es auch nicht wisse. Diese Unsicherheit kann für die Klientin oder den Klienten quälend sein, denn wenn zum Beispiel eine Frau glaubt, daß ihr Vater sie in der Kindheit sexuell mißbraucht hat, belastet das natürlich massiv ihre gesamte Lebensgeschichte, ihr Verhältnis zu ihrer Familie und zu sich selbst, zu ihrem Körper, zu Männern, ihre Sexualität und Identität.

Ich halte es für bedenklich, in jedem Fall ohne weiteres davon auszugehen, daß Mißbrauchsphantasien immer reale Ereignisse widerspiegeln. In einigen spektakulären Strafprozessen der letzten Jahre berichteten Kinder beispielsweise von Folterkammern unter der Turnhalle ihrer Schule oder davon, daß ihr Penis mit einem Nagel durchbohrt worden sei. Nachdem man den Fußboden der Turnhalle vollständig entfernte und der Penis des betreffenden Jungen von einem Arzt gründlich untersucht worden war, konnten diese Angaben nicht bestätigt werden. In Amerika scheinen nach neuesten Berichten eine ganze Reihe von Eltern aufgrund von durch Hypnose »aufgedeckten« Pseudoerinnerungen ihrer Kinder hinter Gittern zu sitzen, und viele Familien wurden dadurch zerstört (Loftus/Ketcham). Andererseits können schwere Traumatisierungen tatsächlich Amnesien oder ein Gefühl der Unwirklichkeit des Geschehenen hinterlassen, so daß das Fehlen von Erinnerungen oder eine mangelnde Realitätsqualität von Phantasien nicht bedeuten muß, daß nichts vorgefallen ist.

Noch schwieriger wird das Ganze dadurch, daß sexueller Mißbrauch manchmal nicht faktischen, sondern eher atmosphärischen Charakter hatte. Beispielsweise hatte der Vater einer Klientin von mir zwar keinen Sexualverkehr mit ihr, kam aber auffallend oft ins Badezimmer, wenn sie gerade in der Badewanne lag, erzählte ihr gern schlüpfrige Witze, machte lüsterne Bemerkungen über ihre wachsenden Brüste und schaute sie häufig auf eine Weise an, die sie tief beschämte. In solchen Fällen sind die Klientinnen oft sehr verwirrt und wissen nicht, ob das alles wirklich geschehen ist und auch die Bedeutung hatte, die sie damit verbinden, oder ob sie es sich nur eingebildet haben. In der Regel können sie auch als Erwachsene mit ihrem Vater nicht darüber sprechen. Es braucht dann oft Jahre, bis sich in einem intensiven Therapieprozeß eine gefühlsmäßige Klarheit bei den Betreffenden herauskristallisiert.

Eine weniger ernste und eher skurrile Variante dieser Thematik sind die vor allem in den USA seit einigen Jahren grassierenden

Berichte von Menschen, die sich unter Hypnose daran »erinnern«, wie sie von Außerirdischen in Raumschiffen entführt wurden, zu seltsamen (oft sexuellen) Handlungen gezwungen und auf ziemlich unsensible Weise diversen medizinischen Untersuchungen unterzogen wurden. Diese Berichte verbreiten sich seit einigen Jahren wie eine Infektionskrankheit und ähneln einander auf verblüffende Weise. Die Opfer scheinen zunächst eine Amnesie für die »Ereignisse« zu haben, die dann durch hypnotische Behandlung »aufgelöst« wird. Ob solche Berichte real sein könnten, sei der Phantasie des Lesers anheimgestellt

Sind hypnotische Rückführungen in vergangene Leben möglich?

»Wie ich an Tuberkulose starb«

Vor einigen Jahren bestellte ich mir eine Trancecassette von dem Bhagwan-Schüler Swami Deva Wadud, mit der man in vergangene Leben zurückgeführt wird. Sie hatte den Titel: »Osho Past Live Hypnosis«. Ich ließ mich auf das Abenteuer ein, setzte mir Kopfhörer auf und folgte den Suggestionen auf der Kassette. Bald war ich in Trance und bereit, so ziemlich alles plastisch und realistisch zu erleben, was der Sprecher sagte. Ich schwebte, wie Wadud suggerierte, über meinem Körper, sah Energiefelder um mich herum, sah meine eigene Geburt und meine Zeugung und schlüpfte »durch die Wand zwischen den Welten« ins Jenseits. Dort »sah« ich unter mir farbige Muster. Diese, so der Trancesprecher, repräsentierten meine früheren Leben. Ich schlüpfte in eine der »schillernden Blasen« hinein und begann, mich an ein solches vergangenes Leben zu erinnern.

Zuerst erlebte ich meinen eigenen Tod in meinem vorigen Leben. Ich starb als alter Mann, vielleicht Mitte achtzig, in einer Art Scheune im Beisein meiner Familie an Tuberkulose. Meine Frau beugte sich über mich und weinte. Sie war ebenfalls sehr alt. Mein Sohn stand am unteren Ende des Lagers. Ich hatte das Gefühl, im alten Griechenland zu sein. Das Erlebnis des Sterbens war emotional sehr berührend, aber nicht beängstigend, es hatte eher etwas Beruhigendes. Ich dachte: »Wenn Sterben so ist, dann ist es eigentlich nicht so schlimm.«

Angeleitet durch die Suggestionen auf der Kassette schlüpfte ich aus meinem soeben gestorbenen Körper wieder heraus und schwebte in der Zeit weiter zurück, in das vergangene Leben jenes Menschen hinein, der ich gewesen zu sein schien. Ich arbeitete als Schreiber und hatte drei Kinder. Viele Stationen dieses Lebens erlebte ich rückwärts, bis ich schließlich in meiner damaligen Kindheit ankam. Ich erlebte das Zusammensein mit den Eltern meines Vorlebens bis zurück in den Bauch meiner damaligen Mutter.

In Trance hegte ich keinerlei Zweifel, daß all dies real passiert war. Ich habe allerdings in Trance schon die verrücktesten Identifikationen erlebt. Einmal war ich in einer Phantasiereise identifiziert mit meiner eigenen Mutter und habe ihr erstes sexuelles Erlebnis mit 16 Jahren nachempfunden. Ein anderes Mal war ich identifiziert mit meinem Großvater, einem Kommunisten, und kämpfte in ihm gegen die wilhelminischen Gendarmen. In einer sehr tiefen Trance war ich eine ganze geologische Schicht der Erde. Ich war das Böse schlechthin in Gestalt einer turmhohen Dämonengestalt mit Säulenbeinen, und ich habe die universelle Leere erlebt, die auch mein eigenes Ich einschloß.

In einem veränderten Bewußtseinszustand ist es möglich, sich als identifiziert mit jedem beliebigen Menschen, Objekt, Tier oder Prozeß zu empfinden. Man kann einen Hypnotisierten ohne weiteres an den Nordpol schicken und ihm sagen, er sei ein Pinguin. Ebenso kann man ihm sagen, er solle sich als Kugelschreiber fühlen, als Friedrich der Große, als ein Haar auf seinem eigenen Kopf oder als Wassertröpfchen im Pazifischen Ozean. Wenn eine gewisse Trancetiefe erreicht ist, wird nahezu jede direkte oder indirekte Suggestion vom Unbewußten farbig und lebendig ausgeschmückt, und man erlebt sie wie real.

Sofern Hypnotiseur und Hypnotisierter der Meinung sind, daß es eine Seelenwanderung gibt und daß in Trance Erinnerungen an vergangene Leben möglich sind, dann wird der Hypnotisierte, wenn man ihn hypnotisch in eine andere Inkarnation versetzt, die lebendigsten Phantasien darüber entwickeln. Man könnte ihn allerdings ebensogut als Tiger nach Afrika schicken (in Afrika gibt es keine Tiger). Er wird sofort differenzierte und lebendige Phantasien darüber haben, wie er als Tiger in der afrikanischen Steppe lebt (Tiger leben nicht in der Steppe), er wird diverse Interaktionen mit anderen Tieren erleben, das Gefühl haben, daß er die Sprache eines Tigers spricht, seine Verhaltensweisen bis in alle Einzelheiten kennt und so weiter. Ich selbst war in Trance einmal absolut davon überzeugt, daß ich die Sprache der Wale verstehen konnte – wüßte allerdings nicht, wie ich das überprüfen könnte.

Wann lebte der Sonnenkönig?

Der bekannteste Vertreter der Reinkarnationshypnose in Deutschland ist der Psychologe Thorwald Dethlefsen. In den Jahren 1968/69 experimentierte er erstmals mit Erinnerungen an frühere Leben. Er versetzte mehrere Versuchspersonen in Trance und schickte sie in vergangene Inkarnationen. Die Sequenzen wurden auf Tonband aufgenommen und wörtlich in Dethlefsens Buch »Das Leben nach dem Leben – Gespräche mit Wiedergeborenen« wiedergegeben (S. 14 ff.).

Das Wiedererleben vergangener Leben suggerierte Dethlefsen folgendermaßen: »... du stehst ganz unter meinem Einfluß, ... du kannst alles hören und fühlen, was ich dir sage, ... weil du es ganz exakt vor dir siehst, ... als wenn du einem Fremden zuschaust, in Wirklichkeit bist du es aber selbst. Wir gehen jetzt zurück, und zwar so lange, bis sich an deinem jetzigen Zustand irgend etwas ändert, ... bis du auf irgendein markantes Ereignis stößt, bis du dich auf einmal irgendeiner Situation gegenüberfindest, die anders ist als die, die du eben geschildert hast und die du beschreiben kannst, ... und das wirst du auch tun. ... Wenn du irgend etwas Neues findest, so wirst Du es mir sofort sagen und schildern. ... Du kannst mir jede Frage beantworten, sprich! ... «

Auffällig ist, daß sämtliche Versuchspersonen von Dethlefsen lediglich allgemeines Schulwissen aus der betreffenden Geschichtsepoche reproduzieren konnten.

Dethlefsen Versuchsperson Rudolf T. (in Dethlefsen, S. 17 ff.) lebte als Reinkarnation in der zweiten Hälfte des 19. Jahrhunderts in dem Städtchen Weißenburg in Frankreich. Der Reinkarnierte hieß dort Jean und konnte als französisches Lied »Frère Jacques ...« singen. Nach dem Namen seines Bruders gefragt, gab er ebenfalls Jean an. Auch sein Vater hieß Jean, sein bester Freund ebenfalls. Der Besitzer des Gutshofes, auf dem der Mann arbeitete, hieß dagegen Pierre. Auch der Pfarrer des Ortes hieß Pierre. Der Reinkarnierte hatte vorher angegeben, er sei 1852 geboren, nun sei er 24 Jahre alt, und es sei Krieg. Im Jahr 1876 gab es aber in Frankreich keinen Krieg.

1984 machte sich ein neugieriger Journalist namens Holdger Platta im Auftrag der WDR-Wissenschaftsredaktion daran, diesen Fall nachzurecherchieren. Er schreibt:

»Gemeinsam mit dem Weißenburger Lokalhistoriker und langjährigen Leiter des dortigen Fremdenverkehrsamtes August Schaaf überprüfte ich die Angaben aus diesem Tonbandmitschnitt. Das Ergebnis: Sämtliche Mitteilungen der hypnotisierten Versuchsperson Rudolf T. waren falsch. Eine Sichtung von Straßenplänen, Adreßverzeichnissen und Stadtansichten, von Zeitungsberichten, Tauf-, Heirats- und Sterberegistern bei Kirche und Standesamt (vollständig erhalten seit dem Jahre 1793) ergab eine hundertprozentige ›Falsifikation‹ der unter Hypnose zutage geförderten ›Fakten‹.«(Platta, S. 95)

Dethlefsens zweite Versuchsperson aus derselben Gruppe, Klaus-Peter S., hatte zur gleichen Zeit und ebenfalls in Frankreich gelebt. Er war im Jahr 1897 vierzehn Jahre alt und lebte in Paris, wußte, daß durch Paris die Seine fließt, und gab als Sehenswürdigkeit die Kirche Notre-Dame an. Der Mann konnte sich aber weder an den Namen des Bürgermeisters noch an den Namen der Schule, die sein Bruder besuchte, noch an die Straße oder den Stadtteil von Paris erinnern, in dem er gelebt hatte; Fakten, die möglicherweise nachprüfbar gewesen wären. Er konnte bis auf einige Touristenbegriffe Französisch weder verstehen noch sprechen, obwohl dies die Muttersprache seiner damaligen Inkarnation gewesen war. Er konnte sich aber erinnern, daß der zur damaligen Zeit regierende König Ludwig der XIV. hieß und »der Sonnenkönig« genannt wurde (Dethlefsen, S. 52/54). Dieser Versuchsperson war offenbar das Schulwissen ein wenig durcheinandergeraten, denn Ludwig der XIV. lebte von 1638 bis 1715, war also zu dem von Peter S. genannten Zeitpunkt bereits seit 180 Jahren tot.

Sämtliche von Dethlefsen hypnotisierte Personen gaben darüber hinaus an, daß sie im Mutterleib nichts sehen und nichts
hören konnten, was nicht der Realität entspricht, denn durch
die Bauchwand einer schwangeren Frau dringen diffuses Licht
und gedämpfte Geräusche, auch die Herz- und Darmtöne und
die Stimme der Mutter kann das Kind im Mutterleib hören.
Dennoch wußte eine Versuchsperson bereits als Embryo, daß
sie »genau sieben Zentimeter groß« war, »etwa so groß wie ein
kurzes Lineal« (S. 49). Sie empfand diesen Zustand als »warm
und dunkel«, ja sogar als »naß«. Als sie sich selbst im Grabe
liegen sah, antwortete sie auf die Frage, wie sie sich jetzt fühle,
schlicht: »tot«.

Trotz dieser Ungereimtheiten wird auf Dethlefsens Experimente in der esoterischen Literatur immer wieder verwiesen – er habe
nachgewiesen, daß Reinkarnation real sei. Er selbst schreibt: »Alle
Anwesenden waren durch dieses Erlebnis ähnlich betroffen wie
ich. Betroffen ist möglicherweise nicht der richtige Ausdruck.
Was mich betrifft, so muß ich sagen: Ich war erschüttert.« (S. 40)

Ohne mir über den Wiedergeburtsglauben etwa in der hindui-
stischen Tradition oder im tibetischen Buddhismus ein Urteil
erlauben zu können, würde ich die von Dethlefsen beschriebenen
sogenannten Reinkarnationserinnerungen als in Trance erlebte
Phantasien werten. Dethlefsen bringt die Versuchsperson unter
seinen hypnotischen Einfluß und suggeriert ihnen mit viel Druck
und auf mitunter sehr bedrängende Weise Reinkarnationsphanta-
sien. Diese Phantasien werden dann ohne jede Überprüfung als
Erinnerungen an vergangene Leben interpretiert.

Der Fall Bridey Murphy

Hypnotische Rückführungen in vergangene Leben sind trotz der
lebhaften Bilder, die dabei erlebt werden, und die – subjektiv
betrachtet – Erinnerungsqualität haben können, vermutlich ebenso
fiktiv wie nächtliche Träume. Trotz vieler anderslautender Ge-
rüchte gibt es in der Literatur bisher keinen einzigen Fall, in dem
Erinnerungen aus einem Vorleben bewiesen, beziehungsweise
durch Belege glaubhaft gemacht werden konnten, die einer Überprüfung standhielten.

Das am besten dokumentierte Beispiel für eine angebliche hypnotische Rückführung in ein früheres Leben ist der »Fall Bridey Murphy«. Eine amerikanische Hausfrau Namens Virginia Tighe erinnerte sich in den fünfziger Jahren an eine Unmenge Details über ein früheres Leben, das sie angeblich im 19. Jahrhundert als Bridey Murphy in Cork in Irland geführt hatte. Als Bridey Murphy war sie rothaarig und sprach einen alten irischen Dialekt. In Trance tanzte sie einen »Jig«, der von Fachleuten als alter irischer Tanz identifiziert wurde. Der Fall erregte in der amerikanischen Presse ungeheures Aufsehen, ein Buch darüber wurde in vierzig amerikanischen Zeitungen nachgedruckt und in fünf Sprachen übersetzt.

Nach einer Weile bohrten findige amerikanische Pressevertreter in der Vergangenheit der inzwischen berühmt gewordenen Frau herum. Sie fanden heraus, daß es zu der Zeit, als Virginia noch ein Kind war, eine Nachbarin der Familie Tighe mit rotem Haar und irischer Abstammung gab, die den Namen »Corkell« trug. Virginia hielt sich als Kind oft bei dieser Familie auf. Der Vorname der Nachbarsfrau war »Bridie«, und ihr Mädchenname »Murphy«. Ein naher Verwandter Virginias berichtete, daß sie sich als kleines Mädchen auf den Straßen ein paar Pennies mit dem Tanzen von irischen Tänzen verdiente, die sie von der Nachbarin gelernt hatte. Ihr ehemaliger Lehrer berichtete, daß sie mehrmals längere Monologe im altirischen Dialekt für die Schule auswendig gelernt und vorgetragen habe.

Die angeblichen Reinkarnationserinnerungen der Bridey Murphy können somit als widerlegt gelten. Ihre in Hypnose wiederbelebten Erinnerungen stammten aus ihrem derzeitigen Leben, und nicht aus einem Vorleben.

Gefahren der Hypnose

Hypnose ist ein hochwirksames Instrument, das nur mit großem Respekt und großer Sorgfalt von gut ausgebildeten Fachleuten angewandt werden darf. Ebenso wie mit anderen medizinischen oder psychotherapeutischen Techniken kann man mit ihr nicht nur heilen, sondern auch schaden. Keine noch so hoch entwickelte Technik schützt aber vor möglichen Kunstfehlern: Es gibt Zahnärzte, die durch unsachgemäße Behandlung gesunde Zähne zerstört oder gar den Gesichtsnerv von Patienten geschädigt haben – Chirurgen, die Teile des Operationsbestecks im Bauch von Patienten vergaßen – Psychiater, die ohne Notwendigkeit weit überdosierte Beruhigungsmittel verabreichen – und so gibt es auch in der Hypnosetherapie gefährliche oder schädigende Vorkommnisse. Dies liegt jedoch nicht an der Hypnose an sich, sondern an ihrer unsachgemäßen Anwendung. Ernste negative Auswirkungen von Tranceerfahrungen sind nur bekannt geworden nach groben Fehlern, bei bewußt mißbräuchlicher Anwendung oder im Rahmen von entsprechend zugeschnittenen wissenschaftlichen Experimenten.

In Trance ist die Empfänglichkeit für Suggestionen erhöht. Wenn man einem Menschen in tiefer Hypnose bewußt oder fahrlässig schädigende Suggestionen gibt, dann kann es zu problematischen Situationen kommen. Ich würde daher jedem empfehlen, sich nur von einem qualifizierten Psychotherapeuten mit einer anerkannten Ausbildung hypnotisieren zu lassen. (Weitere Hinweise finden Sie im letzten Kapitel dieses Buches.)

122

Schwierigkeiten bei der Rückkehr aus der Trance

Eine im Zusammenhang mit Hypnose häufig geäußerte Angst bezieht sich darauf, ob man sich darauf verlassen könne, mit Sicherheit und vollständig wieder aus der Hypnose zurückzukommen.

Sofern die Hypnose persönlich oder über einen Tonträger sach- und fachgerecht von einem gut ausgebildeten Psychotherapeuten angewandt wird, kann man davon ausgehen, daß der Hypnotisand problemlos wieder aufwacht und nachher vollständig aus der Trance reorientiert ist. Daß das Aufwachen eine Weile dauert und man sich oft noch für einige Minuten etwas benommen fühlt und sich noch nicht gleich klar orientieren kann, ist als normal und unproblematisch anzusehen. Falls sich das Zurückkommen aus der Trance verzögert oder dabei geringfügige Schwierigkeiten auftreten, sollte ein qualifizierter Hypnotherapeut in der Lage sein, damit umzugehen.

Eine sechsundvierzigjährige Klientin von mir, die durch Hypnose in ein Alter von drei Jahren regrediert war, weigerte sich am Ende der Sitzung, wieder in ihr erwachsenes Alter zurückzukehren. Sie verhielt sich wie ein trotziges Kind, das am Abend nicht zu Bett gehen wollte. Nachdem es mir mit sanften, indirekten Techniken nicht gelungen war, die Klientin zurückzuführen, sagte ich zu ihr bestimmt und mit sehr fester Stimme: »Du wirst jetzt sofort wieder einschlafen, tief einschlafen, und wenn du nach einer Minute aufwachst, bist du wieder erwachsen, in deinem realen Alter.« Auf diesen Befehl reagierte sie sofort. Sie war als Kind sehr autoritär erzogen worden und nicht gewöhnt, auf leise säuselnde Andeutungen und Einladungen zu reagieren. Sie brauchte als Kind eine klare und bestimmende Anweisung, die ihr sagte, wo es langging, obwohl sie als Erwachsene wesentlich besser auf indirekte Hypnosetechniken reagierte und eine deutliche Aversion gegen autoritäre Suggestionen hatte.

Falls der Hypnotiseur keine Suggestionen gibt, die ein spontanes Aufwachen verhindern, aber die hypnotische Trance aus irgendeinem Grund unterbrochen wird (etwa weil eine Hypnosekassette wegen eines Stromausfalls nicht mehr weiterläuft), dann geht der Trancezustand in normalen Schlaf oder einen vertieften

Entspannungszustand über; und dieser wird, wenn weitere Suggestionen ausbleiben, auf natürliche Weise nach kurzer Zeit beendet.

Wenn man eine Trancekassette abends vor dem Einschlafen hört, kann es höchstens geschehen, daß man erst am nächsten Morgen wieder erwacht. Hypnotiseure sollten daher zwanghafte Formulierungen wie: »Nichts kann Sie wecken außer meiner Stimme« oder »Sie werden erst aufwachen, wenn ich es Ihnen sage« nicht ohne zwingenden Grund verwenden und dem Hypnotisierten normalerweise die Möglichkeit lassen, aufzuwachen, wenn es für ihn erforderlich ist.

Es sind einige wenige Fälle bekannt geworden (und zwar nicht nur von Bühnenhypnotiseuren, sondern auch von Therapeuten und in psychologischen Forschungsprojekten), in denen die Hypnotisierten für einige Zeit nicht oder nicht vollständig in den Wachzustand zurückkehrten. Dies ging entweder auf einen ungenügenden Ausbildungsstand oder unzureichende Übung des Hypnotiseurs zurück oder war durch bestimmte Persönlichkeitseigenarten des Hypnotisierten verursacht, die der Hypnotiseur nicht erkannt hatte.

Man kennt auch Fälle, in denen eine in Trance suggerierte Empfindungslosigkeit nach der Hypnose weiter andauerte oder nach einigen Stunden zurückkehrte – wodurch eine erhöhte Gefahr für Verletzungen gegeben war, weil der Betreffende keinen Schmerz spürte. Manchmal blieb auch das Körperschema des Hypnotisierten nach dem Aufwachen verändert, so daß er nach der Trance beispielsweise weiterhin das Gefühl hatte, sein rechtes Bein sei doppelt so lang wie das linke. Es wird auch von fortdauernden Dissoziationserlebnissen berichtet: Beispielsweise hatte jemand mehrere Tage nach einer Hypnose noch immer das Gefühl, daß sein rechter Arm nicht zu ihm gehöre. Auch über anhaltende Steifheit im Nacken und in den Armen wurde berichtet.

Manche Menschen waren nach einer Hypnose nicht nur für einige Minuten, sondern für Stunden, Tage oder gar Wochen benommen oder wie betäubt. In der Literatur werden einzelne Fälle von fortdauernden Denkstörungen und anhaltenden Übertragungen auf den Hypnotiseur erwähnt. Der Hypnotisierte hatte nach der Trance das Gefühl, weiterhin in einer starken emotionalen

Beziehung zum Hypnotiseur zu stehen, empfänglich für direkte oder indirekte Suggestionen des Hypnotiseurs und sogar für dessen Gedanken zu sein.

In einem Fall wurde von einem nach einer Showhypnose spontan wieder auftretenden Starrezustand des gesamten Körpers berichtet, so daß die Hypnotisierte weder durch Ansprache noch durch Berührung erreicht werden konnte.

Nach einer ganzen Reihe teilweise sehr schmerzhafter neurologischer Untersuchungen (z.B. Rückenmarkspunktionen), die die Hypnotisierte ohne erkennbare Reaktion über sich ergehen ließ, mußte sie in ein Krankenhaus eingeliefert, katheterisiert und intravenös ernährt werden. Dieser Zustand hielt sechs Tage lang an, bis ein Hypnosefachmann hinzugezogen wurde, dem es im Laufe einiger Stunden gelang, die Patientin aus ihrer Dauertrance wieder herauszuholen.

Solche Effekte sind allerdings sehr selten. Untersuchungen unter der Leitung von Prof. Bongartz in Konstanz, bei denen tiefe Hypnosen nicht zurückgenommen wurden, haben ergeben, daß alle Versuchspersonen nach relativ kurzer Zeit entweder von selbst aus dem hypnotischen Zustand zurückkehrten oder in normalen Schlaf sanken. Die Zeit bist zum selbständigen Zurückkommen aus tiefer Hypnose betrug durchschnittlich 17 Minuten.

Wird dem Hypnotisierten der freie Wille genommen?

Viele Menschen befürchten, durch Hypnose ihrer Willensfreiheit beraubt zu werden und der absoluten Macht des Hypnotiseurs völlig ausgeliefert zu sein. Die Ängste beziehen sich unter anderem darauf, man könne mit Hypnose dazu gebracht werden, Geheimnisse oder persönliche Intimitäten auszuplaudern, die man im Wachzustand lieber für sich behalten würde.

Viele Menschen haben Angst, von Hypnose oder dem Hypnotiseur abhängig oder nach dem Trancezustand süchtig zu werden. Leider hat es sich in der Hypnotherapieszene in den letzten Jahren eingebürgert, solche Ängste mit beruhigenden Standardfloskeln abzubügeln, etwa mit: »So etwas ist in meiner

Praxis noch nie passiert.« Ganz so einfach liegen die Dinge jedoch nicht.

Zunächst einmal ist unser Wille keine monolithische Einheit, sondern ein Komplex aus verschiedenen Anteilen. Wenn man zum Beispiel einen Raucher fragt, ob er mit dem Rauchen aufhören wolle, so erhält man darauf in aller Regel keine eindeutige Antwort. Natürlich ist sich jeder Raucher bewußt, daß Rauchen gesundheitsschädlich ist. Es gibt in fast jedem Raucher einen Teil, der mit dem Rauchen aufhören möchte. Aber es gibt auch einen anderen Teil, der weiterrauchen will. Wenn es um einen Berufswechsel oder einen Umzug in eine andere Stadt geht, können nicht nur zwei, sondern ein ganzes Sammelsurium von Willensanteilen eine Rolle spielen. (Deshalb ist auch die Frage, ob man nur hypnotisiert werden kann, wenn man aus »freiem Willen« mitmacht, nicht leicht zu beantworten.)

Jemand, der einen Hypnotherapeuten aufsucht oder sich für eine Showhypnose zur Verfügung stellt, hat sehr wahrscheinlich einen Anteil in sich, der grundsätzlich bereit ist, sich den Suggestionen des Hypnotiseurs bereitwillig auszuliefern. In aller Regel gibt es aber auch noch andere Teile, die die Kontrolle behalten wollen oder Angst vor Beeinflussung und Abhängigkeit haben. Es gibt kindliche Anteile, die im Hypnotiseur die unbeschränkte oder unterdrückerische Autorität eines Elternteiles sehen. Es gibt mystische oder okkultistische Anteile, die ihre Faszination über das Grenzerlebnis Hypnose befriedigt sehen wollen. Es gibt konkurrenzhafte Teile, die den Hypnotiseur herausfordern wollen. Es gibt bei einer therapeutischen Hypnose den Teil, der geheilt werden will, und einen anderen Teil, der sich gegen die Heilung sträubt.

Wenn der Hypnotisierte nach der Hypnose sagt: »Es ging aber nur, weil ich es wollte und mitgemacht habe«, dann hat er damit recht, aber andererseits auch wieder nicht. Wer außer einem Fakir wäre wohl in der Lage, sich einen Weisheitszahn schmerzfrei und ohne chemische Betäubung ziehen zu lassen? Mit Hypnose können Dinge erreicht werden, die jenseits der Reichweite des bewußten Willens liegen. Mit Hypnose lassen sich die Anzahl der Leukozyten im Blut, die Durchblutung einzelner Gewebepartien, die Hirnstromkurven, die Herzfrequenz und der Blutdruck beeinflussen. Das ist durch bewußten Willen allein nicht zu erreichen.

Wenn der Hypnotiseur dem Hypnotisierten hilft, Fähigkeiten zu realisieren, zu denen dieser willentlich keinen Zugang hat, dann ist dies nur dadurch möglich, daß sich der Hypnotisierte in einen veränderten Bewußtseinszustand begibt, der in großem Umfang vom Hypnotiseur gesteuert wird. Der Hypnotisierte gibt dem Hypnotiseur also sehr wohl Macht über sich. Es ist durchaus möglich, jemanden in Hypnose dazu zu bringen, Dinge auszuplaudern, die er im Wachzustand nicht oder nicht ohne weiteres erzählen würde. Man kann ihn auch dazu bewegen, sich an Dinge zu erinnern, an die er sich im normalen Wachbewußtsein nicht erinnern möchte oder nicht erinnern kann. Showhypnotiseure bringen ihre »Opfer« dazu, auf der Bühne als Huhn oder als Staubsauger herumzuspringen, sich zu entkleiden oder zu singen wie Enrico Caruso. Empfängliche Personen können durch Hypnose oder andere suggestive Manipulationstechniken durchaus zu albernen oder sexuellen Handlungen verleitet werden, die sie im kontrollierten Zustand verweigert hätten und die ihnen im nachhinein mitunter entsetzlich peinlich sind.

Hypnotische und suggestive Beeinflussung wird von Religionen, politischen und wirtschaftlichen Machtorganen seit Menschengedenken dazu benutzt, um Menschen ohne oder gegen ihren Willen zu manipulieren. Waschmittelhersteller würden nicht horrende Summen für die Fernsehwerbung ausgeben, wenn diese nicht lohnenswert wäre. Die Macht der unterschwelligen Beeinflussung (und die formale Hypnose ist nur eine ihrer besonders prägnanten Formen) wurde durch eine Vielzahl von psychologischen Experimenten und Untersuchungen bewiesen. Mit dem freien Willen unter Hypnose ist es also nicht besonders weit her. Sobald es einem Hypnotiseur gelingt, sich der Weltanschauung eines Hypnotisierten anzupassen und seine Suggestionen an das persönliche Wertsystem des Hypnotisierten anzukoppeln, dann steht ihm der Weg zur Beeinflussung des Hypnotisanden offen. Auch Milton Erickson beeinflußte einmal einen Patienten in einem Bereich, in dem dieser ihm eine hypnotische Arbeit ausdrücklich untersagt hatte. Er brachte einen homosexuellen Gelegenheitsarbeiter gegen dessen ausdrücklichen Willen dazu, eine Frau zu heiraten und eine Familie zu gründen – obwohl dieser ihn zu Beginn der Behandlung gebeten hatte, keine Bemühungen zu unternehmen, ihn zur Heterosexualität zu bekehren, und darüber sogar ein Versprechen verlangt hatte (Haley, S. 121–149). Die hypnotische Beeinflussung eines Klienten gegen seinen ausdrücklichen Willen ist meines Erachtens ethisch keinesfalls zu vertreten. Hier gingen mit Erickson offenbar seine ziemlich festgefügten Vorstellungen von Normalität durch, was zu einem schweren Fehler bezüglich der Zielorientierung der Therapie führte.

Hypnotiseure, insbesondere solche, die mit großem Popanz auftreten, ziehen starke Übertragungen auf sich. Viele sogenannte erleuchtete Meister, Gurus, Sektenfürsten, politische Führer, Wunderheiler, Startherapeuten und Wahrsager arbeiten (teilweise ohne ihr eigenes Wissen) mit hypnotischen Methoden. Ihr gesamtes Outfit und die soziale Einbettung ihrer Auftritte unterstützt idealisierende Erwartungen und Vorab-Übertragungen, die im Effekt die wunderbaren Heilungen und ekstatischen Ausbrüche ermöglichen – was die Grandiosität der Kultfigur wiederum zu bestätigen scheint. Durch Hypnose, ob sie sich so nun nennt oder nicht, ist es also tatsächlich möglich, den freien Willen eines Menschen zu untergraben oder zu unterlaufen. Aus diesem Grund ist es dringend erforderlich, daß jeder, der mit Hypnose arbeitet, sich einem wohlbegründeten Ehrencodex unterwirft, um schädigendes Verhalten zu verhindern.

Wird Hypnose im Rahmen einer Psychotherapie angewandt, wirken alle Suggestionen, die dem bewußten Willen und den Einstellungen des Klienten widersprechen, langfristig dem Heilungsinteresse entgegen. Jede Ausübung von Macht, sei es durch Zwang oder Manipulation, verletzt die Würde des Klienten und führt zu bewußtem oder unbewußtem Widerstand. Wer einer Macht ausgesetzt ist, mag sich ihr kurzfristig unterwerfen, aber er sträubt sich dagegen, wo er kann, und sinnt insgeheim auf Vergeltung. Ein hypnotischer Einfluß, der dem Denken und Wollen des Hypnotisierten widerspricht, führt über kurz oder lang zu einem Machtkampf, den der Hypnotiseur langfristig nur verlieren kann. Auch wenn die ausgeübte Macht aus einer noch so gut gemeinten hypnotischen Suggestion gegen ein körperliches oder emotionales Leiden besteht, wehrt sich der Hypnotisierte dagegen, in der Regel durch baldige Wiederkehr des Symptoms.

Wie in früheren Kapiteln bereits erwähnt, wirkt hypnotische Suggestion, die ein Verhalten autoritär befiehlt oder untersagt, manchmal spektakulär, aber nie dauerhaft. Die Seele bewegt sich in der Tiefe nur aus Überzeugung und aus ihrem eigenen Antrieb heraus, oder sie bewegt sich nicht. Der Hypnotisierte kann sich nur dann einer Trance wirklich hingeben, wenn seine Eigenständigkeit und Kreativität respektiert und gefördert wird, und man ihn nicht in eine Richtung drängt, die ihm fremd ist oder die ihm widerstrebt. Für wachstumsfördernde therapeutische Trancearbeit, die ja vor allem die Befreiung des Unbewußten von Zwängen und Einschränkungen zum Ziel hat, ist jede Ausübung von Macht und jede Einschränkung der Willensfreiheit nur hinderlich.

Sind Verbrechen in Hypnose möglich?

Ob es möglich ist, Menschen in Trance zu Handlungen zu veranlassen, die ihren moralischen Maßstäben oder den Strafgesetzen entgegenlaufen, ist nicht eindeutig geklärt. In einem Experiment wurde beispielsweise einem Veteranen des Vietnamkrieges suggeriert, der Assistent des Hypnotiseurs sei ein Angehöriger des Vietkong und das Lineal in seiner Hand sei ein entsichertes Maschinengewehr. Er, der Veteran, befände sich im tiefsten Dschungel von Vietnam, es gäbe eine Situation akuter Lebensgefahr, er habe aber eine geladene Pistole in seiner Hand, und jetzt ginge es nur noch um eines: »Er oder ich«. Der Veteran zögerte keine Sekunde und drückte den Abzug durch. (Die Pistole war mit Platzpatronen geladen, was er jedoch nicht wußte.)

Auf ähnliche Weise ist es gelungen, Menschen in Hypnose dazu zu bringen, in einen Behälter mit Giftschlangen oder Skorpionen zu greifen (denen, ohne Wissen der Versuchspersonen, der Giftzahn beziehungsweise -stachel entfernt worden war). In einem anderen Experiment wurde jemand dazu gebracht, dem Assistenten des Hypnotiseurs Salzsäure ins Gesicht zu schütten (während dieser durch eine für den Hypnotisierten unsichtbare Glasscheibe geschützt war). Eine hypnotisierte Frau erdolchte in Anwesenheit eines Polizeibeamten und eines Richters den Versuchsleiter mit einem Theaterdolch und schüttete seinem Assistenten als Arsen bezeichneten Puderzucker in den Kaffee.

Auch die Neigung vor allem von tief hypnotisierten Personen, Suggestionen wortwörtlich zu befolgen, kann in diesem Zusammenhang problematisch werden.

Wenn ein Bühnenhypnotiseur einer Person beispielsweise suggeriert: »Immer dann, wenn du diese Musik hörst, ... (Musik wird eingespielt) ... wirst du zu einem Verbrecher, der eine Bank ausrauben möchte, ... «, dann kann die Formulierung »immer dann« vom Unbewußten des Hypnotisierten als längerfristig wirkende posthypnotische Suggestion mißverstanden werden. Es gibt Berichte darüber, daß jemand, dem eine solche Suggestion gegeben worden war, sich Tage später wieder als Räuber fühlte, der eine Bank überfallen wollte – nur weil er zufällig die Musik wieder hörte. Wenn in einem Menschen latent eine vielleicht nur mühsam unter Kontrolle gehaltene kriminelle Energie vorhanden ist, dann kann ein leichtfertiges Umgehen mit suggestiven Formulierungen den Ausbruch eines manifest kriminellen Verhaltens fördern.

Andere Experimente ergaben entgegengesetzte Resultate, nämlich, daß Hypnotisierte nicht bereit waren, beispielsweise eine fremde Person zu küssen oder zu ohrfeigen. Derselbe Mann, der bedenkenlos bereit war, einen anderen in Hypnose mit einer Pistole zu erschießen, weigerte sich bei derselben Demonstration, dem posthypnotischen Auftrag zum Unterschreiben eines Vertrags nachzukommen, der ihn zum Verschenken seines Anzugs verpflichtete. Die oben erwähnte Frau, die das vermeintliche Arsen verabreichte, erwachte sofort aus der Hypnose, als man ihr suggestiv befahl, sie solle sich entkleiden.

Erstaunlicherweise berichtete Milton Erickson, der allgemein als der fähigste Hypnotiseur der Welt anerkannt ist, er habe bei über fünfzig Personen zu experimentellen Zwecken versucht, in tiefer Trance Verhaltensweisen zu suggerieren, die für sie selbst oder für andere in gewissem Umfang schädlich waren. Beispielsweise sollten sie wichtige Dokumente ihres Vorgesetzten an einen unzugänglichen Ort legen und dort vergessen oder einem Bekannten abführmittelhaltige Kaugummis verabreichen. Es sei ihm in keinem einzigen Fall gelungen, eine Versuchsperson zu einem schädigenden Verhalten zu bewegen. Höchstens sehr harmlose

Streiche seien suggerierbar gewesen, aber auch diese nur unter heftigem Widerstand der Versuchspersonen. Obwohl alle seine Versuchspersonen nach Ericksons Aussage in tiefer, somnambulistischer Trance waren und keine der Personen sich nach der Trance an die gegebenen Suggestionen erinnern konnte, seien alle mit intensiven Gefühlen von Zorn und Verärgerung gegen Erickson aus der Trance zurückgekommen. Sie hätten sich nicht bereit erklärt, sich nochmals hypnotisieren zu lassen, bevor die Angelegenheit geklärt war (Rossi, S. 155 ff.).

Dies scheint den bekannt gewordenen Experimenten von Milgram zur Gehorsamsbereitschaft im Wachzustand zu widersprechen. Er konnte in einer ausgefeilten Untersuchungsanordnung Menschen auch ohne Hypnose erstaunlich leicht dazu bringen, andere Menschen scheinbar schwer zu schädigen oder gar zu töten. 65 Prozent der Versuchspersonen waren beispielsweise bereit, auf einfache Anweisung des Versuchsleiters hin einer zweiten Person scheinbar Stromstöße von bis zu 450 Volt zu verabreichen, während das »Opfer« (ein routinierter Schauspieler) vor Schmerz schrie, den Abbruch des Experimentes forderte, sich um Gnade flehend auf dem Stuhl wand und sich schließlich überhaupt nicht mehr rührte. Um Menschen zu schädigenden Handlungen zu bringen, ist Hypnose also gar nicht notwendig. Der passiv-autoritäre Glaube, daß »der Versuchsleiter schon wissen wird, was er tut«, kann auch im Wachzustand dazu führen, kriminellen Anordnungen Folge zu leisten. Daß Erickson dies nicht gelungen war, kann eigentlich nur auf seine eigene eingefleischte Grundüberzeugung zurückgehen, daß schädigende Suggestionen nicht befolgt werden. Möglicherweise hat sich diese Einstellung unbewußt auf seine Versuchspersonen übertragen.

Die Ergebnisse der Untersuchungen sind also widersprüchlich. Was reale Verbrechen unter Hypnose betrifft, gibt es trotz einer unübersehbaren Vielfalt von Trivialliteratur zu diesem Thema nur zwei Fälle, die wissenschaftlich dokumentiert sind. In dem einen Fall soll der Liebhaber einer verheirateten Frau diese mittels Hypnose jahrelang zur Prostitution gezwungen und ihr schließlich in Trance den Befehl gegeben haben, ihren Mann und sich selbst zu töten, was diese auch tat. Der Liebhaber bestritt jedoch während des Verfahrens immer wieder, daß er die Frau jemals hypnotisiert habe, und betonte, daß er gar nichts über Hypnose wisse. Im zweiten Fall überfiel ein Mann eine Bank und tötete dabei zwei Bankangestellte. Vor Gericht sagte er aus, ein Freund habe ihn vor dem Überfall hypnotisiert und ihm den Überfall hypnotisch befohlen. Nach dem Abschluß des Prozesses erklärte er jedoch, sein Freund habe ihn tatsächlich niemals hypnotisiert und sei für das Verbrechen nicht verantwortlich. In beiden Fällen kann also nicht eindeutig von einer Beteiligung von Hypnose an dem begangenen Verbrechen gesprochen werden.

Kann man hypnosuggestive Methoden bei Verhören oder zur Gehirnwäsche einsetzen?

Sowohl westliche als auch östliche Geheimdienste machten von Hypnose bei Verhören von Gefangenen und zum »Umdrehen« feindlicher Soldaten und Agenten (die sogenannte »Gehirnwäsche«) Gebrauch, und sie wenden solche Methoden vermutlich auch heute noch an.

Aus einer Untersuchung an 220 amerikanischen Luftwaffensoldaten, die nach dem Koreakrieg aus chinesischer Kriegsgefangenschaft entlassen wurden, geht hervor, daß Verhör- und »Umerziehungs«-Methoden, die auf der Anwendung von unmittelbarem Zwang oder Schmerz beruhten, deutlich weniger effektiv waren als schmerzlose, psychologische Techniken. Eine der Verhörtechniken bestand beispielsweise darin, daß der Vernehmende in schneller Abfolge über lange Zeit immer wieder Fragen stellte, auf die der Vernommene nicht zu antworten brauchte, im Geist jedoch jede einzelne der Fragen bejahen mußte. (»Sie sind von der 350. Einheit, nicht wahr?« »Ihre Einheit ist auf Okinawa stationiert, nicht wahr?« usw.) Diese Art der Befragung erzeugt auf Dauer im Befragten eine Ja-Haltung, die ganz allgemein die Bereitschaft förderte, auf Aufforderungen zu reagieren, und die auf Dauer einen starken Druck in ihm erzeugte, auf weitere Befragungen inhaltlich zu antworten (Watson). Ähnliche Techniken hat Milton Erickson unter der Bezeichnung »Pacing« und »Erzeugung einer Ja-Haltung« zur Hypnoseeinleitung benutzt.

Eine weitere Verhörtechnik bestand darin, daß der Vernehmende viele Stunden, Tage und Monate immer wieder Fragen stellte, die der Gefangene unmöglich beantworten konnte. Dazu gehörten Fragen nach den technischen Details von atomaren Waffen oder nach dem Tagesablauf führender Militärs und Politiker seines Heimatlandes. Viele Gefangene beschrieben ein ungeheures Gefühl der Erleichterung, wenn sie endlich nach etwas gefragt wurden, worauf sie antworten konnten. Die Verhörsituation wurde für die Gefangenen also so frustrierend verwirrend gestaltet, daß sie schließlich nur noch das Bedürfnis empfanden, sich durch einige klare Aussagen aus dem Schwall unbeantwortbarer Fragen zu befreien. (Diese Methode ähnelt der Ericksonschen Konfusionstechnik, bei der nach einer Vielfalt von verwirrenden, konfusen Aussagen schließlich eine klar verständliche direkte Suggestion folgt, nach der der Hypnotisierte greift wie ein Ertrinkender nach einem Rettungsring.)

Was zur Manipulation der Gefangenen benutzt wurde, war also weniger explizite Hypnose (was zu durchsichtig gewesen wäre), sondern es handelte sich eher um Techniken der indirekten Kommunikation, wie sie auch Erickson benutzte, mit dem Ziel, Einfluß auf das Unbewußte zu gewinnen.

Um Gefangene gefügig zu machen, hatten die Leiter der koreanischen Gefangenenlager sie lange Zeit völliger Dunkelheit, sehr hellem oder gleichmäßigem Licht oder einer sterilen, monotonen Umgebung ausgesetzt, in der Umweltreize weitgehend fehlten. Andere wurden lange Zeit in vollständiger physischer Isolierung (z.B. in Einzelhaft im Dunkeln) gehalten. Als Folge erlahmte die Kritikfähigkeit der Gefangenen, ihre Gedanken kreisten nur noch um das eigene Ich. Es kam nach einer Weile zu zeitlicher und räumlicher Desorientierung. Die Betreffenden waren nicht mehr in der Lage, zwischen Wachsein und Schlaf zu unterscheiden, ihre Gedanken liefen filmartig vor ihnen ab und hatten fast halluzinatorische Qualität. Die Zeit schien wesentlich langsamer zu verstreichen. Es kam zu gestaltlosen Lichterlebnissen, Eindrücken von geometrischen Formen, Halluzinationen von Gegenständen, Personen und Szenen. Die Reizschwelle wurde deutlich herabgesetzt. Gefangene, die einer sensorischen Deprivation über längere Zeit ausgesetzt waren, erlebten zunehmend Angst, Verwirrung und Panikzustände, die geeignet waren, auf Dauer ihre Persönlichkeit zu zerbrechen und die Selbstmordwahrscheinlichkeit erheblich zu erhöhen. Die Gefangenen wurden also durch Überlastung, Erschöpfung und Isolation in einen veränderten Bewußtseinszustand gezwungen, in dem ihre Abwehrschwelle gesenkt und die Suggestibilität erhöht war. Sie gerieten in eine Art Zwangstrance, um sie gefügig zu machen.

Der Westen stand dem nicht nach. In den siebziger Jahren wurde ein geheimer CIA-Bericht veröffentlicht, der insgesamt 8000 Seiten an Geheimdokumenten umfaßte, aus dem ersichtlich wurde, daß auch die CIA insgesamt 149 Projekte betrieben und finanziert hatte, deren Ziel die Kontrolle von Gedanken war. Hierbei ging es unter anderem darum, zu verhörende Personen durch Teams, bestehend aus einem Psychiater, einem Hypnotiseur und einem Verhörspezialisten, abhängig und suggestiv beeinflußbar zu machen. Es wurde auch versucht, bei eigenen Agenten oder denen der Gegenseite gezielt Gedächtnisverluste herbeizuführen, um sie zu unbewußten Informationsträgern zu machen. Außerdem wurde bei Soldaten, die auf riskante Einsätze gingen, erfolgreich geheimes militärisches Informationsmaterial durch Hypnose im Unbewußten verankert. Dieses konnte dann durch einen posthypnotischen Schlüsselcode abgerufen werden, der erst während des Einsatzes per Funk aktiviert wurde (Watson).

Ist Showhypnose gefährlich?

Don Alfredo

An einem Sonntagnachmittag schaute ich mir im Fernsehen die Sendung »Hypno« an. Don Alfredo, mit bürgerlichem Namen Manfred Knoke, hatte seit einigen Wochen eine eigene Sendung, in der er seine Hypnoseshow vorführte. Am Anfang der Sendung rief er etwa 70 Leute aus dem Publikum auf die Bühne. Im Laufe der einstündigen Tranceeinleitung wählte Don Alfredo etwa zehn Personen aus, die schnell und ohne Widerstand auf seine Suggestionen reagierten. Das relativ simple Hypnoseritual selbst wurde im Fernsehen nicht gezeigt, ich hörte es aber später auf einer

Kassette von ihm: Er benutzt die Fraktionierungsmethode, das heißt, er versetzt seine »Opfer« mehrmals in Trance und weckt sie wieder auf. Auf diese Weise wird die Trance bei jedem Einschlafen tiefer, die Abhängigkeit von Don Alfredo und die Bereitschaft, seinen Befehlen zu folgen, verstärkt sich.

Seine Kunst besteht hauptsächlich darin, diejenigen Personen aus einer Gruppe herauszufiltern, die seinen Suggestionen am besten gehorchen und gleichzeitig eine Stimmung im Saal zu erzeugen, in der die Hypnotisierten bereit sind, sich auf die seltsamsten Dinge ohne Widerspruch einzulassen. Was er macht, hat jedoch meines Erachtens wesentlich mehr mit Entertainment zu tun als mit Hypnose.

Don Alfredos Stammtischhumor kommt beim deutschen Fernsehpublikum offenbar gut an. Er führt den Zuschauern vor, was sie sehen wollen, und was sie sich unter Hypnose vorstellen: absolute Macht, absolute Abhängigkeit. Die Hypnotisierten scheinen voll in seiner Gewalt zu sein. Auf ein Fingerschnipsen hin »schlafen« sie ein und »wachen« wieder auf (das heißt, sie lassen sich ohne Widerstand von Don Alfredo den Kopf auf die Brust senken, schließen dabei die Augen und verharren in dieser Stellung, bis das Kommando zum »Aufwachen« kommt).

Don Alfredo veranstaltete eine Reihe von Kapriolen mit seinen Versuchskaninchen, von denen ich einige ziemlich komisch fand. Er suggerierte zum Beispiel: »Wenn Sie aufwachen, werden sie alles sehen, aber mich werden sie weder sehen noch hören. Sie sind in einem alten Schloß und erleben eine Führung.«

Dann schnippte er mit seinen magischen Fingern, und die Hypnotisierten »erwachten«. Musik ertönte wie aus einem Edgar-Wallace-Film. Ein alter, etwas abgetakelter »Hausdiener« trat auf und erklärte, wer auf den Gemälden abgebildet sei, die – außer den Hypnotisierten – keiner sah. Die Betreffenden schauten interessiert dem Finger des Hausdieners nach, der auf die unsichtbaren Wände zeigte. Irgendwo stand auf einem Podest eine große weiße Vase. Plötzlich ging Don Alfredo pfeifend ins Bild. Er nahm die Vase und trug sie vor den Augen der jetzt scheinbar wachen Hypnotisierten herum. Diese aber verhielten sich so, als sähen sie nur eine schwebende Vase, nicht jedoch den pfeifenden Don Alfredo. In dem alten Schloß schien es zu spuken. Die

Hypnotisierten schrien vor Panik, das Publikum im Studio und ich vor dem Fernseher wieherten vor Lachen. Schließlich warf Don Alfredo die Vase auf den Fußboden, sie zersprang in tausend Scherben, und seine wachen (oder doch nicht wachen) Versuchspersonen zerstoben mit angstvoll aufgerissenen Augen schreiend in alle Richtungen des Studios.

Dieses Kunststückchen ist vermutlich echt. Ich glaube nicht, daß alle Teilnehmer gekauft oder bestochen waren. Sicherlich benutzen Showhypnoseure manchmal den einen oder anderen Trick, zum Beispiel wenn sie Leute über Glasscherben oder über ein Nagelbrett gehen lassen (die Tricks sind mir bekannt, ich möchte aber dem Leser den Spaß nicht verderben, indem ich sie verrate). Vorführungen dieser Art kann jeder einigermaßen geübte und nicht publikumsscheue Hypnotiseur auf einer größeren Fete wiederholen, sofern er Zeit und Gelegenheit hat, besonders empfängliche Versuchspersonen aus einer ausreichend großen Gruppe von Freiwilligen herauszufischen.

Jedermann ist verunsichert, wenn er zum ersten Mal auf der Bühne steht und von Zuschauern beobachtet wird. Diese Verunsicherung nutzt der Showhypnotiseur geschickt aus. Wenn man unsicher ist, sucht man jemanden, der einem klar sagt, wo es langgeht. Und man ist ja auch nicht verantwortlich dafür, wenn man irgendeinen Quatsch mitmacht, man ist ja hypnotisiert.

Meiner Meinung nach geht der Effekt der Showhypnose wesentlich stärker auf Rollenidentifikationen, Gehorsamsbereitschaft und die Wirkung des allgemeinen Nimbus der Hypnose zurück als auf spezielle Begabungen oder raffinierte Techniken auf seiten des Showhypnotiseurs. Tatsächlich sind die hypnotischen Methoden der Showhypnotiseure im Vergleich mit der therapeutischen Hypnose oft erstaunlich primitiv.

Obwohl die therapeutische Hypnose der Showhypnose einen Großteil ihres derzeitigen Booms verdankt, sind viele professionelle Hypnotherapeuten auf die Showhypnotiseure nicht gut zu sprechen. Sie werfen ihnen vor, das Ansehen einer psychotherapeutischen Methode durch ihre Showeffekte zu schädigen. Einige Hypnotherapeuten vertreten die Theorie, die Versuchspersonen des Showhypnotiseurs seien in Wirklichkeit überhaupt nicht hypnotisiert, sondern sie spielten nur. Böse Zungen unter den Therapeuten behaupten, das Schlimmste, was einem Showhypnotiseur passieren könne, sei, wenn einer seiner Probanden tatsächlich in Trance ginge, denn damit könne er gar nicht umgehen. Die Showhypnotiseure wiederum wehren sich mit der Behauptung, die Therapeuten würden nur deshalb gegen sie unken, weil sie selbst in Wirklichkeit die besseren Hypnotiseure seien, die Therapeuten aber ihre Tricks nicht zustande brächten.

Tatsächlich sind Showhypnosen nicht unproblematisch. Die Showhypnotiseure unterliegen keinem therapeutischen Ehrenkodex. Es macht ihnen überhaupt nichts aus, ja sie legen es aus Effektgründen gerade darauf an, ihre »Opfer« suggestiv zu Handlungen zu bewegen, die diese vorher oder im nachhinein wahrscheinlich als peinlich oder beschämend empfinden. Bühnenhypnotiseure wecken ihre Opfer in der Regel mit einem Fingerschnipsen blitzschnell auf und nehmen sich, um die Blitzartigkeit ihrer Macht zu demonstrieren, kaum Zeit zu einer vollständigen Dehypnotisierung. Daher schleppen die Versuchspersonen manchmal noch längere Zeit unkontrollierbare Tranceeffekte mit sich herum, die zu Ängsten, Depressionen und emotionalen Ausbrüchen führen können.

Des weiteren nehmen Bühnenhypnotiseure keine Rücksicht auf die Möglichkeit, versehentlich traumatisches Material aus der Kindheit zu aktivieren.

Es kann passieren, daß ein Showhypnotiseur einen Zugang zu einem schweren Kindheitstrauma öffnet und dann – ähnlich wie Goethes Zauberlehrling – mit den Geistern, die er gerufen hat, nicht umzugehen weiß. Bei der Versuchsperson kann dies zu einer Überflutung mit archaischen Gefühlen führen – mit ernsthaften körperlichen und psychischen Folgen. Auch Menschen, denen während oder nach einer Bühnenhypnose nichts Schlimmes passiert, erleben es manchmal als beängstigend, daß sie in Hypnose keine Kontrolle mehr über sich hatten. Mitunter hat das bei einer nachfolgenden psychotherapeutischen Behandlung eine Verstärkung des Widerstandes zur Folge.

Außerdem wecken Showhypnotiseure in der Öffentlichkeit unrealistische Erwartungen an die therapeutische Hypnose. Die Klienten gehen davon aus, daß der Therapeut ihnen genauso blitzartig »hilft«, wie sie es beispielsweise bei Don Alfredo im

Fernsehen gesehen haben. Wenn der Hypnotherapeut versucht, ihnen zu erklären, daß dies bei der therapeutischen Hypnose anders funktioniert und nicht ganz so schnell geht, glauben sie, der Hypnotherapeut wolle nur verschleiern, daß er nicht so gut hypnotisieren könne. Solche Vorurteile sind oft selbst durch intensive Aufklärungsarbeit nicht zu bereinigen.

In einigen Ländern, so zum Beispiel in Schweden und Israel, ist die Showhypnose aus den oben genannten Gründen verboten. Die beiden großen deutschen Hypnotherapeuten-Gesellschaften MEG und DGH forderten zum Abschluß der 2. Europäischen Hypnose-Konferenz im September 1995 in München das Verbot der Bühnenhypnose und beschlossen, durch Showhypnose geschädigte Personen rechtlich zu unterstützen.

Kann man durch Hypnose körperlichen Schaden erleiden?

Wenn Hypnose unsachgemäß angewandt wird, kann es nach der Trance zu Kopfschmerzen, Übelkeit oder Schwindelgefühlen kommen. Hierbei ist allerdings zu berücksichtigen, daß nicht jeder unangenehme Effekt auch tatsächlich auf die Hypnose zurückzuführen ist. Erickson berichtete von einer Reihe seiner Patienten, bei denen nach einer Showhypnose, in der die kataleptische Brücke demonstriert wurde, durch Überlastung der Wirbelsäule dauerhafte Schmerzen im unteren Rückenbereich zurückgeblieben waren. (Bei der kataleptischen Brücke wird der Hypnotisierte mit versteiftem Körper zwischen zwei Stühle gelegt, so daß der Kopf auf dem einen und die Füße auf dem anderen Stuhl liegen, und eine zweite Person stellt sich auf seinen Bauch.) In einem anderen von Erickson berichteten Fall hatte ein Laienhypnotiseur seiner »Klientin« suggeriert, daß der bloße Gedanke an Zigaretten bei ihr einen Brechanfall auslösen würde. Die Frau hatte daraufhin drei Tage lang pausenlos Brechanfälle und ersuchte Erickson, ihr den hypnotischen Zwang wieder zu nehmen, weil ihr Hypnotiseur aufgrund ihrer nun entstandenen Ängste nicht in der Lage war, sie aufs neue zu hypnotisieren.

In sozialen Gemeinschaften, in denen de-facto-hypnotische Rituale sozial eingebettet sind, können suggestive Wirkungen nicht nur zur Heilung, sondern zum absichtlichen Hervorrufen von Krankheiten benutzt werden. Ein Voodoopriester in Haiti kann durch Manipulationen an einer der Zielperson nachgeformten Puppe Krankheiten herbeiführen oder diese Person sogar töten. Dabei ist zu bedenken, daß das Voodoo-Ritual nicht, wie meistens in Abenteuerfilmen dargestellt, nur im geheimen stattfindet, sondern daß es sich um einen sozial eingebundenen Prozeß handelt, der sich über Monate oder Jahre hinweg aufbauen kann und an dem schließlich das gesamte soziale Umfeld der Zielperson beteiligt ist. Der »Verhexte« weiß ganz genau, daß ein Voodoo-Einfluß auf ihn ausgeübt wird, und er reagiert körperlich darauf. Ähnlich funktioniert das Verfluchen einer Person sowie der auch heute noch vor allem in südlichen Ländern verbreitete Glaube an den bösen Blick.

Es ist also durchaus möglich, durch hypnosuggestive Beeinflussung Menschen absichtlich oder unabsichtlich körperlichen oder psychischen Schaden zuzufügen.

Eine Variante dieser Problematik liegt vor, wenn ein wohlmeinender Hypnotiseur körperliche oder emotionale Schmerzen durch suggestive Beeinflussung vermindert oder beseitigt, ohne die Hintergründe geklärt zu haben. Kopfschmerzen können eine einfache Streßreaktion sein, aber auch Anzeichen eines wachsenden Hirntumors. Traurigkeit kann die Erscheinungsform einer vorübergehenden Stimmungsschwankung sein, aber auch Symptom einer schwerwiegenden psychischen Störung. Hypnotiseure sollten sich daher von den Erwartungen ihrer Klienten nicht zu hypnotischen Blitzheilungen verleiten lassen. Vielleicht stehen sie für eine Weile als Wunderdoktor gut da, aber sie riskieren es, eine tieferliegende Störung zu verstärken, weil sie ihre Symptome lediglich aus dem Gewahrsein herausgenommen haben.

Eine weitere Variante dieser Problematik betrifft die Befürchtung einiger Patienten, bei einer Zahnbehandlung trotz Hypnoseanästhesie möglicherweise schreckliche Schmerzen zu empfinden, während sie nicht in der Lage sind, sich zu bewegen oder etwas mitzuteilen. Auch diese Befürchtung darf keineswegs leichtfertig abgetan werden. Ich selbst habe einmal bei einem Hypnosezahnarzt völlig unbeweglich und scheinbar entspannt im Zahnarztstuhl gesessen, aber völlig unverändert Schmerzen empfunden, über die ich auch unmittelbar nach der Behandlung nicht berichten konnte, weil mich die gutgemeinten Suggestionen des Zahnarztes daran hinderten. Es ist also nicht auszuschließen, daß der Patient sich durch die hypnotische Beeinflussung gezwungen fühlt, nur vorzugeben, er habe keine Schmerzen gehabt.

Untersuchungen mit Hunderten von Versuchspersonen ergaben, daß durchschnittlich etwa drei Prozent dieser Personen nach einer Hypnose negative Nachwirkungen wie Kopfschmerzen, Übelkeit, Gefühle von Realitätsverlust oder ähnliches verspürten. Solche Versuchspersonen berichteten allerdings nicht häufiger über negative Nachwirkungen als Kontrollgruppen nach einem bloßen Wissenstest. Außerdem berichteten Versuchspersonen, die in tiefer Trance gewesen waren, in gleichem Umfang über negative Nachwirkungen wie Personen, die nur leichte Trancezustände erlebt hatten. Es ist daher zu vermuten, daß die unangenehmen Gefühle gar nicht durch die Hypnose entstanden waren, sondern auf andere Ursachen zurückgingen und lediglich im nachhinein von den Versuchspersonen auf die Trance zurückgeführt worden waren.

Es gibt in der Literatur einen einzigen dokumentieren Bericht über einen Todesfall in Hypnose, der sich um die Jahrhundertwende in Ungarn ereignete. Ein Laienhypnotiseur, von Beruf Brunnenbohrmeister, versetzte sein weibliches Medium in Trance, um mit ihr okkulte Phänomene zu demonstrieren. Unter anderem gab er ihr die Suggestion, sich in die Seele von anwesenden Kranken zu versetzen, um deren Krankheiten zu diagnostizieren und Behandlungsvorschläge zu machen. Einer dieser Kranken war schwer lungenkrank (vermutlich hatte er Tuberkulose). Als sich das Medium in tiefer Trance in seinen Körper hineinversetzen sollte, erlitt es einen Anfall von akuten Herzrhythmusstörungen, der unmittelbar zum Tod führte. Vermutlich trat als Folge der emotionalen Belastung durch die suggestiv erlebte Situation ein Herzstillstand ein.

Kann es unter Hypnose zur Überflutung mit Gefühlen kommen?

Durch die Verminderung der Abwehrbereitschaft des Ich ist es möglich, daß es bei dafür anfälligen Personen in Hypnose in einzelnen Fällen zum Ausbruch einer zuvor nur mühsam unter Kontrolle gehaltenen psychischen Störung kommt. Hat beispielsweise jemand eine latente Neigung zur Schizophrenie, dann ist es möglich, daß entgrenzende hypnotische Suggestionen in tiefer Trance zum Ausbruch einer Psychose beitragen – insbesondere, wenn er vorher schon psychotische Schübe erlebt hat. Ebenso ist von Depressionen, von manischen und antisozialen Handlungen, von panikartigen Ängsten und Zwängen im Anschluß an hypnotische Sitzungen berichtet worden. Ob es allerdings auch ohne Hypnose zum Ausbruch dieser Störungen gekommen wäre, läßt sich im Einzelfall schwer nachprüfen. Menschen mit den genannten Störungen zeigen nach meinen Erfahrungen ohnehin eine Tendenz, sich Situationen zu suchen oder einzurichten, die einen Ausbruch ihrer Störung fördern. Beispielsweise haben latent Schizophrene eine deutliche Affinität zu halluzinogenen Drogen wie LSD, Mescalin und Psilocybin – und eben auch zur Hypnose.

Mitunter ist es dem Hypnotherapeuten nicht möglich, die Intensität des traumatischen Materials, das er in einem Klienten anspricht, von vornherein ausreichend abzuschätzen. Wenn er leichtfertig den Klienten in eine hypnotische Altersregression hineinführt, dann kann es in seltenen Fällen geschehen, daß Patienten beängstigenden Gefühlen ausgesetzt sind, die so tief und überwältigend sind, daß sie sie mit ihren gewohnten Mechanismen nicht mehr bewältigen können. In solchen Situationen besteht die Gefahr, daß der Klient die Behandlung abbricht, sich selbst oder andere schädigt, verrückt wird oder sich umbringt. Diese Gefahr ist allerdings bei anderen Therapieformen, insbesondere bei solchen, die konfrontativ oder aufdeckend arbeiten, nicht geringer.

Durch unvorsichtiges »Anbohren« von traumatischem Material kann es auch zu einer Fixiertheit an alte Schmerzen oder Verletzungen kommen. Der Klient hat dann das Gefühl, als ob er in einer früheren Verletzung festsitzt, innerlich immer wieder um sie herumkreist und nicht mehr von ihr loskommt. Es erfordert viel Erfahrung mit hypnotischer Arbeit, um das Tempo des therapeutischen Prozesses der Ich-Stabilität des Klienten anzupassen und nur so viel traumatisches Material zu berühren, daß er es auch bewältigen und integrieren kann.

Therapie mit Hypnose

Im folgenden möchte ich beispielhaft zwei Therapiesitzungen beschreiben, um zu illustrieren, wie hypnotische Transformationsarbeit aussehen kann.

Zigarette – vergessen

Marianne kam zu einigen Sitzungen Hypnose, weil sie sich das Rauchen abgewöhnen wollte. Sie arbeitete als Beschäftigungstherapeutin in einer psychiatrischen Klinik und rauchte seit etwa zwanzig Jahren, zur Zeit etwa 20 Zigaretten täglich. Ich hatte einige Wochen zuvor ein längeres Vorgespräch mit ihr geführt, um herauszufinden, welche ihrer psychischen Muster ich hypnotisch nutzen konnte. Längere Zeit verwandte ich darauf, ihr persönliches Wertesystem zu erforschen, also herauszufinden, welche Dinge in ihrem Leben ihr am wichtigsten waren.

Wenn man weiß, worauf ein Klient Wert legt, dann kann man eine hypnotische Suggestion an diesen Wert »anbinden«. Je höher der Wert im persönlichen Wertesystem des Klienten liegt, um so wahrscheinlicher ist es, daß er der Suggestion folgen wird.

Wenn ich beispielsweise einem Klienten, für den »gesund leben« sehr hoch in seiner Werteskala steht, in einer Trancegeschichte symbolisch vermittle, daß mit dem Rauchen aufzuhören gut für seine Gesundheit sei, dann wird er der Suggestion leichter folgen können als jemand, der auf seine Gesundheit pfeift, aber viel Wert auf Genuß oder Karriere legt. Ein sehr hoher Wert für Marianne bestand darin »ihren eigenen Weg zu gehen«. Es war ihr sehr wichtig, selbständig zu sein und von niemandem beeinflußt zu werden.

Zwischen dem Vorgespräch und der Sitzung dachte ich lange darüber nach, wie ich für Marianne die Suggestionen gegen das Rauchen optimal einfädeln konnte. Wie kann man jemandem, der größten Wert auf Selbständigkeit legt und nicht beeinflußt werden will, eine hypnotische Suggestion vermitteln? Ein klassischer Hypnotiseur würde hier schnell das Handtuch werfen und Marianne für »widerständig« und nicht hypnotisierbar erklären. »Widerständige« Klienten sind jedoch eine willkommene Aufgabe für Ericksonianer. Ich erinnerte mich an einen Kniff, den ich in meiner Ausbildung von Jeffrey Zeig gelernt hatte, einem der ältesten und treuesten Schüler von Milton Erickson und quasi Verwalter des hypnotischen Testaments des Meisters. Zeig nannte die Technik, die ich bei Marianne anwandte, »offene Posthypnose«.

Zuerst sagte ich zu Marianne, daß wir in der ersten Sitzung nur ein paar Vorübungen machen würden, um zu sehen, ob sie überhaupt für Hypnose empfänglich sei, und um zu überprüfen, auf welche Form von Hypnose sie besonders gut reagiere. (Ich wollte ihr – und auch mir – damit etwas den Leistungsdruck nehmen.) Ich bat sie, einen Punkt an der Decke zu fixieren, und erzählte ihr einen langen, hypnotischen Sermon, in den diverse Entspannungssuggestionen eingebunden waren. Als ich bemerkte, daß ihre Augen zu zittern und zu flattern begannen, suggerierte ich ihr, daß ihre Augen sich bald schließen würden. Ich fuhr fort mit einer Reihe von symbolischen Geschichten, in denen jeweils die Idee enthalten war, daß etwas sich veränderte oder daß jemand eine Gewohnheit oder ein Verhaltensmuster aus sich heraus überwand – ohne aber das Rauchen direkt anzusprechen. Die Suggestionen waren so vorsichtig in eine lange Serie ausufernder Geschichten eingesponnen, daß Marianne in Trance vermutlich nicht bemerkte, was genau ich ihr eigentlich vermittelte.

Schließlich suggerierte ich ihr, sie würde sich aus ihrem Körper heraus erheben und einige Meter über sich selbst schweben (in Trance gelingt diese Vorstellung meist leicht). Sie solle sich eine Linie vorstellen, die dort unten, wo ihr Körper sei, nach vorne und nach hinten ginge. Dies sei die Linie ihrer Lebenszeit. Ich führte sie auf dieser Linie Schritt für Schritt in die Vergangenheit, bis sie in einer Situation angekommen war, in der sie gerade dabei war, eine unerwünschte Angewohnheit wie zum Beispiel Schokoladeessen oder Kaffeetrinken zu überwinden. (Marianne hatte mir im Vorgespräch erzählt, daß sie sich vor einigen Jahren beide »Laster« abgewöhnt hatte.) Wenn sie ganz in der betreffenden Situation sei, werde ihr Kopf von selbst beginnen zu nicken. Nach etwa einer Minute sah ich eine kleine Nickbewegung ihres Kopfes. Ich suggerierte ihr, sie solle sich genau in den Moment hineinbegeben, in dem »... die Entscheidung fällt ...«. (Ich sagte diese Worte deutlich betont. Sie wurden dadurch für das Unbewußte als eingebettete Suggestion markiert und bahnten sozusagen schon einmal die Entscheidung, auch mit dem Rauchen aufzuhören.) Sie solle sich »... in der Situation umschauen, wahrnehmen, wo du jetzt gerade sitzt, stehst, liegst oder dich bewegst, dir gewahr werden, was du denkst, fühlst und tust, ob du vielleicht etwas hörst, riechst oder schmeckst«. Nach einer Weile nickte ihr Kopf wieder. Ich konnte an ihrem abwesenden Gesichtsausdruck, ihrer bewegungslosen Haltung und ihrem verlangsamten Atem erkennen, daß sie sich mindestens in einer mittleren Trance befand.

Nun gab ich ihr eine posthypnotische Suggestion, die an einen Auslösereiz gekoppelt war. Ich sagte: »Wenn ich nach der Trance das Wort ›Zigarette‹ sage, dann wirst du all diese Fähigkeiten, die du jetzt in dieser Situation zur Verfügung hast, wieder voll und ganz in dir spüren und zur Verfügung haben.«

Danach fuhr ich fort, ihr Geschichten zu erzählen, deren zentraler Inhalt diesmal war, daß die verschiedensten Dinge automatisch, ohne bewußte Absicht geschehen können. Auf diese Weise bereitete ich die Befolgung der posthypnotischen Suggestion vor. Schließlich weckte ich sie wieder aus der Trance auf. Anschließend verwickelte ich sie in ein belangloses Gespräch über einen Kinofilm, den ich einige Tage zuvor gesehen hatte, um ihre Aufmerksamkeit abzulenken. Somit wurde es ihr möglich, einiges von den erzählten Geschichten zu vergessen. (Vergessene Suggestionen wirken oft stärker und direkter als Suggestionen, an die man sich erinnert.) Ich hatte allerdings das Gefühl, daß Marianne sich an die posthypnotische Suggestion mit dem Wort »Zigarette« noch erinnerte. Sie schaute mich nämlich immer wieder erwartungsvoll an. Vermutlich wartete sie darauf, daß ich endlich das Signalwort aussprach. Ich unterhielt mich aber lediglich noch eine Weile mit ihr über belanglose Dinge und verabschiedete sie relativ schnell, ohne das Wort »Zigarette« auszusprechen. Sie war sichtlich verwirrt.

Eine Woche später betrat sie den Therapieraum mit den Worten: »Werner, nach der letzten Sitzung habe ich draußen auf der Straße pausenlos gedacht: ›Warum hat er das Wort *Zigarette* nicht gesagt? Wenn er das Wort *Zigarette* gesagt hätte, dann hätte ich jetzt voll diese Fähigkeit, etwas zu überwinden, zur Verfügung. Aber er hat das Wort *Zigarette* nicht gesagt. Hat er das Wort *Zigarette* mit Absicht nicht gesagt, oder hat er nur vergessen, das Wort *Zigarette* zu sagen? Bei dem Wort *Zigarette* soll ich all diese Fähigkeiten wieder zur Verfügung haben, aber er hat nicht *Zigarette* gesagt. Oder habe ich nicht mitbekommen, wie er *Zigarette* gesagt hat? ...‹«

Marianne hatte sich auf diese Weise nach der Sitzung das Auslösewort »Zigarette« mehrere hundert Male im Geiste selbst vorgesprochen und dabei ständig an ihre Fähigkeit, eine unerwünschte Angewohnheit zu überwinden, gedacht. Damit schuf sie selbständig eine starke Verknüpfung zwischen dem Wort »Zigarette« und ihrer Fähigkeit, unerwünschte Angewohnheiten zu überwinden. Sie fuhr fort: »In der letzten Woche habe ich keine einzige Zigarette geraucht, es war ganz leicht.« Ihre Überwindungsfähigkeiten hatten sich offenbar von dem Wort »Zigarette« auf das Rauchen von »Zigaretten« verallgemeinert. Nicht nur, wenn sie das Signalwort hörte, sondern auch, wenn sie Zigaretten sah oder an sie dachte, hatte sie »ihre Fähigkeiten, eine unerwünschte Angewohnheit zu überwinden«, zur Verfügung. Sie dachte an »Zigarette« und mußte nicht rauchen. Ich hatte mit meiner offenen posthypnotischen Suggestion die Voraussetzung dafür geschaffen, daß sie etwas »selbständig« tun konnte, und damit ihren Wunsch nach Unabhängigkeit respektiert. Sie ging »ihren eigenen Weg«, was ihr wichtig war, aber gleichzeitig konnte sie kaum anders, als diesen Zusammenhang in ihrem Geist zu erzeugen, obwohl (oder gerade weil) ich das nicht direkt suggeriert hatte.

In der zweiten Sitzung versetzte ich sie wieder in Trance und gab ihr von neuem eingebettete indirekte Suggestionen, die lediglich beinhalteten, daß eine bereits erreichte Veränderung sich weiter stabilisierte. Am Ende der Sitzung überreichte ich Marianne ein paar kleine lederne Boxhandschuhe (ein Werbegeschenk aus einem Sportartikelgeschäft). Ich sagte zu ihr, sie solle sich diese

Boxhandschuhe vier Wochen lang zu Hause aufhängen, so daß sie sie jeden Tag sehen könne. Die Boxhandschuhe seien das Symbol dafür, daß es in nächster Zeit wichtig sei, sich aktiv mit ihrer unerwünschten Angewohnheit auseinanderzusetzen, mit ihr zu »kämpfen«. (Ich vermied es immer noch, das Schlüsselwort »Zigarette« auszusprechen, denn damit wäre der Bann gebrochen gewesen.) Die Boxhandschuhe dienten als Anker, der den genannten Gedankengang immer wieder auslösen sollte. Außerdem waren meine Worte »... mit der Angewohnheit ... kämpfen ... «, die ich ziemlich eindringlich gesprochen hatte, eine Suggestion, die in diesem Fall im Wachzustand gegeben wurde. Dies war ohne weiteres möglich, denn jemand, den man gerade hypnotisiert hat, ist für Suggestionen eine ganze Weile lang auch im Wachzustand noch sehr empfänglich.

Die beschriebene Sitzung liegt nun zwei Jahre zurück. Die Boxhandschuhe gab sie mir zusammen mit einem Papiervogel (als Symbol für ihre neugewonnene Freiheit) pünktlich vier Wochen nach der Sitzung zurück. Vor einigen Tagen habe ich mit Marianne telefoniert. Es ist ihr gelungen, mit Ausnahme einiger kurzer Rückfälle, die nie länger als drei Tage dauerten, bis zum heutigen Tag nicht mehr zu rauchen.

Sexuelle Abhängigkeit

Corinna war eine Einzeltherapie-Klientin von mir, damals 23 Jahre alt. Sie kam in die Therapie wegen massiver Panikattacken, die sie verfolgten.

Als sie 16 Jahre alt war, hatte Corinna für zwei Jahre ein sexuelles Verhältnis mit einem 20 Jahre älteren Mann, den sie als Mensch sehr verehrte und idealisierte. Der Mann hat einen hohen Posten an einem Theater, und Corinna träumte damals von nichts anderem als davon, Schauspielerin zu werden. Es war ihr noch immer sehr peinlich, daß sie oft Geld von dem Mann angenommen hatte, vor allem, wenn sie »auf Trebe« war und kein eigenes Einkommen besaß. Sie hatte oft »Sex mit ihm gemacht«, obwohl sie dazu eigentlich gar keine Lust hatte. Dasselbe war schon während der Pubertät mit sehr vielen, meist wesentlich älteren

Männern geschehen. Sie hatte sich in dieser Zeit nach ihren Worten sehr oft »von speckbäuchigen älteren Männern beschlafen lassen«, um ein Bett für die Nacht oder ein Abendessen zu bekommen. Den besagten Mann traf sie zu jener Zeit sehr häufig. »Er steht auf sadomasochistischen Sex und will immer, daß ich ihn beim Sex fessele und ihm weh tue.« Corinna hatte zu dieser Art von Sex von Anfang an keine Lust, unterdrückte aber ihren Abscheu, um den Kontakt zu dem Mann nicht zu verlieren. Sie bekam jedoch jedesmal kurze Zeit nach solchen Sex-Aktionen besonders heftige Angstzustände.

Vermutlich gab es einen Zusammenhang zwischen ihren Angstzuständen und den Gefühlen diesem Mann gegenüber, die sie abwehren mußte, weil sie sich von ihm abhängig fühlte. Darüber hinaus lag bei Corinna eine grundlegende Selbstwertstörung vor. Sie glaubte, sich eine Beziehung, Zuneigung oder Förderung durch sadomasochistischen Sex erkaufen zu müssen.

Ich versetzte sie durch die bereits beschriebene hypnotische Arbeit mit der Zeitlinie in eine Situation hinein, in der sie für den Mann etwas tat, was sie nicht tun wollte. Als sie »dort« war, sagte sie sichtlich erbost: »Es ist eklig, widerlich, ... ich bin wütend!«

Ich benutzte implizite hypnotische Suggestionen, um sie weiter in das Gefühl des Abscheus und in die darunter liegenden Empfindungen hineinzuführen. Dabei ging ich davon aus, daß sie, um sich aus der Abhängigkeitsbeziehung mit diesem Mann lösen zu können, erst einmal wirklich fühlen mußte, was in dieser Beziehung eigentlich mit ihr geschah. Ich sagte also zu ihr: »... ich weiß nicht genau, wie sich das anfühlt, ... dieser Ekel, ... und an welcher Stelle in deinem Körper du am deutlichsten spüren kannst, ... wie intensiv dieser Ekel ist, ... und ob vielleicht auch noch andere, ganz andere, ... tiefere Empfindungen da sind ...«

Diese Formulierungen enthalten neben Suggestionen, um die Gefühle zu intensivieren, auch eine Reihe von indirekt formulierten Fragen. (Sind sie Ihnen beim Lesen aufgefallen?) Ich fragte nicht direkt: »Wo in deinem Körper fühlst du den Ekel?«, denn das hätte von Corinna leicht als zu eindringlich empfunden werden und Widerstand auslösen können. Wenn ich aber sagte: »... ich weiß nicht, ... an welcher Stelle in deinem Körper du das am deutlichsten spüren kannst ...«, dann machte diese Formulierung es ihr leicht, meine indirekte Frage zu beantworten – oder aber sie zu ignorieren, wenn sich das für sie stimmiger anfühlte. Die Frage war in ihrer Formulierung sehr dezent und damit der Situation und dem Thema angemessen.

Im Laufe der Sitzung wurde es Corinna deutlich, daß sie von diesem Mann ausgenutzt wurde. Als ich sie suggestiv aufforderte, » ... immer tiefer in diese Gefühle hineinzugehen, ... und bis zum Kern der Sache vorzudringen, ... bis ins Zentrum deiner Ängste, ... wo ganz deutlich wird, was da eigentlich passiert, ... und wie das mit deinen Angstgefühlen zusammenhängt, ... «, fühlte sie plötzlich eine immense Wut gegen den Mann und auch gegen sich selbst, weil sie sich auf diese ungleiche Beziehung immer wieder eingelassen hatte. Offenbar standen ihre Angstanfälle damit in direktem Zusammenhang. Die Aggression, die sie in sich selbst wegschieben mußte, aus Angst, die Zuneigung des Mannes zu verlieren, projizierte sie nach außen und fühlte sich plötzlich »von allem und jedem verfolgt und bedroht«. Am Ende der Sitzung sagte sie, noch in Trance: »Das hört jetzt auf! Ich werde mich von ihm trennen.«

Ich vermutete, daß es vielleicht noch weiter zurückliegende Situationen gegeben haben könnte, die die Entstehung ihrer Ängste beeinflußt hatten. Daher bat ich sie – noch immer in Trance – » ... wenn es für dich Sinn macht, an der Stelle, an der du gerade bist, eine Markierung zu setzen, ... so etwas wie ein Lesezeichen, ... damit wir beide wissen, daß das die Stelle ist, an der du in den nächsten Sitzungen ... noch tiefer in diese Gefühle hineingehen kannst, ... wenn es für dich sinnvoll ist, ... um noch tiefer zu erfahren, ... wo deine Ängste herkommen, ... und was du fühlen kannst, um sie endgültig aufzulösen, ... dort eine Markierung hinzusetzen, ... die irgendwie zu dieser Stelle paßt, ... damit wir beide wissen: das ist die Stelle, an der unter dieser Abscheu diese Wut sitzt, ... ein Zeichen, das in die Richtung dieser immensen Wut weist, und tiefer nach innen ...«.

Sie wählte als Markierung »das Gefühl von Spermatropfen in der Kehle«. Ich benutzte die Worte als »Lesezeichen« (Anker) zu Beginn der nächsten Sitzung, um es Corinna zu erleichtern, unmittelbar wieder in ihre Gefühle einzusteigen und tiefer in sie hineinzugehen. Ich sagte zu ihr: »Orientiere dich nach innen, ...

und nun gehe da hin , ...wo die Spermatropfen in der Kehle ... sind.« Diese Worte wirkten als posthypnotischer Schlüsselreiz, und schon nach ein paar Sekunden sagte sie: »Ach ja, jetzt ist plötzlich alles wieder da.« Dann ging ich mit Corinna weiter in ihre Kindheit, zu Erlebnissen mit ihrem Vater, in denen sie bereits als Kleinkind ähnlichen Konstellationen ausgesetzt war.

Sobald Corinna ihre zuvor abgewehrten Gefühle (hier die Wut) in der Originalsituation wirklich spürte, mußte sie sie nicht mehr verdrängen, verschieben und in neurotische Symptome (Angst) verwandeln. Aus einer chronisch anhaltenden psychischen Störung war nun akutes, vorübergehendes emotionales Leiden geworden, das in der Therapie in aller Heftigkeit gespürt wurde, durch den ganzen Organismus hindurchging und ihn dann verließ. Der Schmerz kehrte aus der Gegenwart in die Vergangenheit zurück, dorthin, wo er eigentlich hingehörte.

Orientierungshilfe für Therapiesuchende

Sollten Sie sich damit befassen, ob Sie eine Therapie brauchen, ob Hypnose für Sie die richtige Methode ist und wie Sie einen geeigneten Therapeuten finden, dann können die folgenden Hinweise Ihnen vielleicht die Orientierung erleichtern.

Hypnose läßt sich sinnvoll einsetzen bei folgenden Problemen:

- Depressionen, Sinnlosigkeitsgefühle, Selbstmordgedanken
- Ängste, z.B. Prüfungsangst, Angst vor engen Räumen oder freien Plätzen, vor Tieren, vor Verlassenwerden oder vor Konflikten
- Probleme mit der persönlichen Identität, der Lebensperspektive und der Zielfindung (Wo will ich hin in meinem Leben? Wie komme ich da hin?)
- Selbstwertprobleme, z.B. Minderwertigkeitsgefühle
- Kontakt- und Beziehungsstörungen, z.B. Angst vor Nähe,
- Übergroße Abhängigkeit in Beziehungen
- Schwierigkeiten mit Aggression und Selbstbehauptung
- Schlafstörungen, Unfähigkeit sich zu entspannen
- Psychosomatische Beschwerden, z.B. Magen-Darm-Störungen, Herz-Kreislauf-Störungen, Allergien
- Abhängigkeiten, Süchte, Eßstörungen
- Zwangshandlungen und Zwangsgedanken, z.B. Waschzwang, »Rattern« der Gedanken
- Chronische oder akute Schmerzzustände, z.B. Kopfschmerzen, Migräne, Arthritis, Rheuma, Krebsschmerzen
- Sexuelle Probleme, z.B. Orgasmusunfähigkeit, Erektionsprobleme
- Zahnarztbehandlungen (zur Angstverminderung oder Schmerzausschaltung)
- Verletzungen und organische Erkrankungen zur Unterstützung des Immunsystems und der Selbstheilungskräfte

– Unfälle und Schocks als Erste Hilfe
– Bedürfnisse nach innerem Wachstum und Selbsterfahrung

Bevor Sie einen Hypnosetherapeuten zu einem Vorgespräch auf-
suchen, sollten Sie sich überlegen, was genau Ihr Problem ist,
und was Sie den Therapeuten genau fragen möchten. (Therapeuten
beantworten in Vorgesprächen in der Regel Fragen meist wesentlich direkter als später im Lauf der Therapie.) Wichtig ist vor
allem, was Sie von der Therapie erwarten, welche Bedürfnisse
Sie haben und welchen therapeutischen Stil Sie für sich als
angemessen empfinden. Würden Sie sich zum Beispiel bei einer
Frau oder bei einem Mann wohler fühlen? Brauchen Sie von
einem Therapeuten eher eine behutsame Begleitung in einem
längerfristigen, umfassenden und tiefgehenden Prozeß, oder streben Sie eher eine schnelle, direkte und konkrete alltagspraktische
Veränderung an? Ist es Ihnen besonders wichtig, sich bei einem
Therapeuten aufgehoben und geborgen zu fühlen, oder brauchen
Sie von ihm eher Herausforderung und Provokation? Geht es
Ihnen vor allem um Verstehen und Begreifen oder eher um Spüren
und Erleben? Besprechen Sie das mit dem Therapeuten, und fragen
Sie ihn genau, wie er arbeitet und was zu seinen therapeutischen
Schwerpunkten gehört.

Die meisten Hypnosetherapeuten arbeiten zur Zeit überwiegend
kurzzeittherapeutisch. Kurzzeittherapeuten streben keine umfassende Persönlichkeitsveränderung des Klienten und keine grundlegende Aufarbeitung seiner Lebensgeschichte an. Sie vereinbaren
mit dem Klienten zu Beginn der Therapie ein möglichst konkretes,
eingegrenztes Ziel, nach dessen Erreichung die Therapie beendet
wird.

Sie kombinieren in der Regel Hypnotherapie mit anderen
kurzzeittherapeutischen Verfahren wie Verhaltenstherapie, NLP
(Neurolinguistisches Progammieren) oder Systemische Familientherapie. Eine solche Therapie dauert selten länger als ein halbes
Jahr. Sie ist für Therapiesuchende geeignet, die ein sehr konkretes,
eingrenzbares Problem bearbeiten wollen.

Therapiesuchende, die eine Vielfalt von Schwierigkeiten
oder ein eher diffuses Leidensgefühl haben, das sich über viele
Lebensbereiche hinweg erstreckt, sind meistens in einer Lang-

zeittherapie besser aufgehoben. Hier hat der Klient viel Raum, um seinem eigenen Prozeß zu folgen und sich mit den übereinandergelagerten Schichten seiner Gefühle im Zusammenhang seiner Lebensgeschichte auseinanderzusetzen. Langzeit-Körpertherapien, Gesprächs- oder Gestalttherapien mit Hypnoseelementen dauern in der Regel mehrere Jahre bei einer Therapiesitzung pro Woche.

Eine Langzeit-Psychoanalyse, die in der Hypnose verwandt wird (was sehr selten ist), dauert ebenfalls einige Jahre, aber hier sind zwei bis drei Sitzungen in der Woche üblich.

Leider genügen formale Gesichtspunkte nicht, um zu erkennen, ob ein Therapeut fachlich und persönlich qualifiziert und für Ihre spezifischen Bedürfnisse und Probleme geeignet ist. Die folgenden Kriterien können Ihnen aber bei der Entscheidung, ob Sie bei einem bestimmten Therapeuten gut aufgehoben sind, eine Orientierung geben (sie gelten übrigens nicht nur für die Hypnosetherapie):

1. Ein Therapeut muß mit dem Klienten als Person auf respektvolle und würdevolle Weise umgehen. Er darf ihn nicht als dumm oder unfähig behandeln, ihn unterwerfen, abhängig machen oder in gleich welche Methode hineinpressen.

2. Der Therapiesuchende sollte das Gefühl haben, daß der Therapeut ihn in den wesentlichen Punkten verstehen kann und erfaßt, worum es ihm geht. Ein ständig wiederholtes, monotones »mhmm« des Therapeuten ist zu wenig.

3. Der Therapeut muß eine gründliche Ausbildung und intensive Eigentherapie absolviert haben. Er darf nicht, nachdem er ein paar Selbsterfahrungsworkshops belegt hat, schon als Therapeut arbeiten.

4. Der Therapeut muß sich im Rahmen der therapeutischen Beziehung auf einen persönlichen Kontakt zum Klienten einlassen und diesen auch wieder lösen können. Er darf sich weder hinter einer ausdruckslosen Therapeutenmaske verstecken noch den Klienten lebenslänglich an seine Person binden.

5. Der Therapeut darf die Übertragungsliebe des Klienten nicht ausbeuten. Eine private Beziehung zwischen Therapeut und Klient macht eine Therapie unmöglich.

6. Der Therapeut muß den Selbstschutz des Klienten achten und respektvoll damit umgehen. Der Klient hat ein Recht auf Widerstand. Dieser darf nicht gegen den Willen des Klienten durchbrochen oder ausgetrickst werden. Der Therapeut soll den Klienten unterstützen, seinen eigenen Weg zu gehen und seine eigenen Antworten zu finden.

7. Die Therapie muß auf nachvollziehbaren Grundlagen beruhen. Sie darf einen Glauben oder eine bestimmte Weltanschauung beim Klienten weder voraussetzen noch erzeugen wollen.

8. Der Therapeut muß in der Lage sein, seine gefühlsmäßigen Reaktionen auf den Klienten und seine Gegenübertragung zu kontrollieren. Er darf seine Gefühle und Impulse nicht einfach ausleben und auch nicht rücksichtslos aussprechen oder ausdrücken. Er sollte sie so in den Therapieprozeß einbringen, daß es dem therapeutischen Fortschritt des Klienten nutzt.

9. Der Therapeut muß seine eigenen Grenzen kennen und Fehler zugeben können. Er muß Idealisierungen des Klienten erkennen und durcharbeiten. Er muß auch erkennen können, mit welchen Klienten er nicht arbeiten kann. Er darf sich nicht zum Guru hochstilisieren lassen.

10. Der Therapeut muß sich um eine ganzheitliche Sicht des Menschen bemühen. Er darf nicht nur mit technischen Tricks arbeiten.

11. Der Therapeut muß dem Klienten ein realistisches Bild von den Möglichkeiten von Therapie vermitteln. Er darf keine übertriebenen Versprechungen machen.

12. Es muß ein angemessenes Verhältnis zwischen Leistung und Bezahlung bestehen. Der Therapeut darf keine Wucherpreise verlangen und den Klienten nicht auf unangemessene Vereinbarungen festlegen.

13. Der Therapeut sollte einschätzen können, ob die Probleme des Therapiesuchenden kurzzeittherapeutisch behandelbar sind, oder ob sie eine längere Zeit brauchen, und er sollte dies dem Klienten klar vermitteln.

Die Kosten für eine Hypnotherapie-Einzelsitzung von 50 Minuten Länge betragen zur Zeit etwa DM 100,- bis 150,- und für eine Gruppensitzung von eineinhalb bis drei Stunden Länge etwa DM 30,- bis DM 70,-. Die Kosten für ambulante Hypnosetherapie bei Psychologen werden gegenwärtig in »Gebieten mit ausreichender therapeutischer Regelversorgung« nur von der Techniker-Krankenkasse, von einigen Privatkassen und der Beamten-Beihilfe übernommen, und zwar dann, wenn der Therapeut vom Berufsverband der Psychologen als Psychotherapeut anerkannt ist. In Gebieten, die bei den Krankenkassen als mit Psychotherapeuten unterversorgt gelten, können viele Psychologen, die entsprechende Vereinbarungen mit den Kassen haben, über fast alle Krankenkassen abrechnen. *Um herauszufinden, ob Ihr Wohngebiet dazu zählt, wenden Sie sich bitte an Ihre Krankenkasse oder an den:*

Berufsverband Deutscher Psychologen (BDP), Heilsbachstraße 22, 52123 Bonn, Tel.: 0228/98 73 10.

Bei folgenden Verbänden können Sie Listen von ausgebildeten Hypnosetherapeuten anfordern:

Milton-Erickson-Gesellschaft (MEG), Konradstraße 16, 80801 München, Tel.: 089/33 62 56

Deutsche Gesellschaft für Hypnose (DGH), Druffelsweg 3, 48653 Coesfeld, Tel.: 02541/7 00 07

Adressen von Zahnärzten, die mit Hypnose arbeiten, erhalten Sie bei der:

Deutschen Gesellschaft für zahnärztliche Hypnose (DGZH), Esslinger Straße 40, 70182 Stuttgart, Tel.: 0711/2 36 06 18

Literatur

Bernheim, H.: *Die Suggestion und ihre Heilwirkung*. Wien 1888

Breuer, J./Freud, S.: *Studien über Hysterie*. Frankfurt am Main: Fischer 1991

Cheek, D.: *Hypnosis. The Application of ideomotor Techniques*. Massachusetts: Allyn and Bacon 1994

Dethlefsen, T.: *Das Leben nach dem Leben. Gespräche mit Wiedergeborenen*. München: Goldmann 1984

Eberwein, W./Schütz, G.: *Die Kunst der Hypnose. Dialoge mit dem Unbewußten*. Paderborn: Junfermann 1996

Eberwein, W.: »Wanderungen in der Traumwelt. Die naturalistische Methode der Hypnokatharsis nach E. Rossi«. In: *Experimentelle und klinische Hypnose*, Bd. IX, Heft 1, 1993

Ellenberger, H.F.: *Die Entdeckung des Unbewußten* (2 Bde.). Bern: Hans Huber 1973

Erickson, M.H./Rossi, E.L./Rossi, S.L.: *Hypnose. Induktion – Psychotherapeutische Anwendung – Beispiele*. München: Pfeiffer 1986

Erickson, M.H./Rossi, E.L.: *Hypnotherapie. Aufbau – Beispiele – Forschungen*. München: Pfeiffer 1989

Haley, J.: *Die Psychotherapie Milton Ericksons*. München: Pfeiffer 1988

Hockemeyer, T. (Trutz Hardo): *Reinkarnation total. Drei Übungs- und Rückführungskassetten mit Textbuch*. Berlin: Selbstverlag 1995

Lankton, C./Lankton, S.: *Geschichten mit Zauberkraft. Die Arbeit mit Metaphern in der Psychotherapie*. München: Pfeiffer 1991

Loftus, E./Ketcham, K.: *Die therapierte Erinnerung. Vom Mythos der Verdrängung bei Anklagen wegen sexuellem Mißbrauch*. Hamburg: Klein 1995

Mesmer und der animalische Magnetismus; F. A.: *Abhandlung über die Entdeckung des thierischen Magnetismus*. Carlsruhe 1781

Milgram, S.: *Das Milgram-Experiment. Zur Gehorsamsbereit-schaft gegenüber Autorität.* Hamburg: Rowohlt 1974

Peter, B.: »Milton H. Ericksons Weg der Hypnose«, in: *Hypnose und Kognition,* Band 5, Heft 2, Oktober 1988

Peter, B./Schmidt, G.: *Erickson in Europa. Europäische Ansätze der Ericksonschen Hypnose und Hypnotherapie.* Heidelberg: Auer 1992

Platta, H.: *New-Age-Therapien pro und contra.* Weinheim: Beltz 1994

Rossi, E. (Hrsg.): *Gesammelte Schriften von Milton H. Erickson.* ders., Band 2: *Indirekte Suggestion und Gefahren der Hypnose.* Heidelberg: Auer 1996

Watson, P.: *Psycho-Krieg. Möglichkeiten, Macht und Mißbrauch der Militärpsychologie.* Düsseldorf: Econ 1982

Zeig, J.: *Die Weisheit des Unbewußten. Hypnotherapeutische Lektionen bei Milton H. Erickson.* Heidelberg: Auer 1995

DIE KUNST, EMOTIONEN AUSZULEBEN

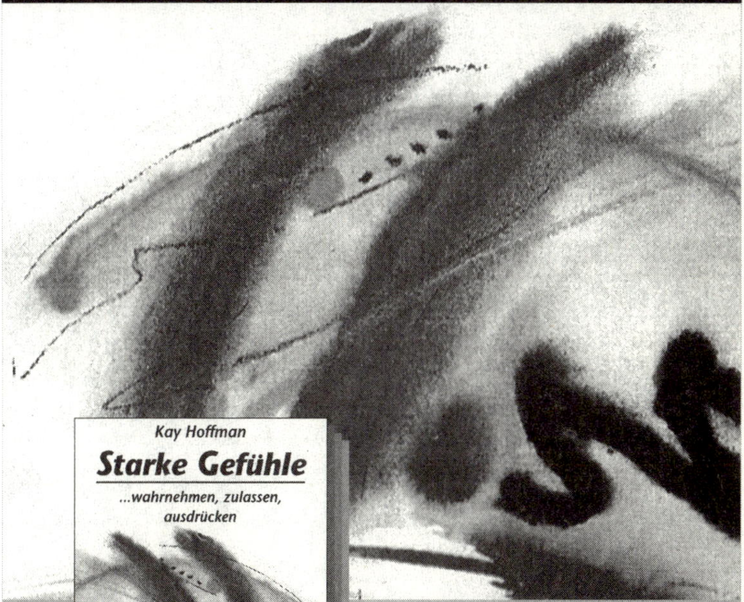

Kay Hoffman
STARKE GEFÜHLE
...wahrnehmen, zulassen, ausdrücken
Ein Selbsterfahrungsbuch
238 Seiten. Mit kalligraphischen
Zeichnungen. Kartoniert
ISBN 3-466-34361-5

Himmelhochjauchzend – zu Tode betrübt: Starke Gefühle sind nicht immer leicht auszuhalten und auszuleben. Dieses Selbsterfahrungsbuch hilft, den Tanz der Gefühle im Innen und Außen leichter zu begreifen und zeigt uns, wie wir lernen können, auch starke Emotionen im Alltag zu leben.

KÖSEL